权力的困境

武则天和她的时代

李小喵 ◎ 著

哈尔滨出版社

图书在版编目（CIP）数据

权力的困境：武则天和她的时代 / 李小喵著. —
哈尔滨：哈尔滨出版社，2023.9
　ISBN 978-7-5484-7047-2

　Ⅰ. ①权… Ⅱ. ①李… Ⅲ. ①武则天（624-705）—
传记　Ⅳ. ①K827=421

中国版本图书馆CIP数据核字（2022）第256179号

书　　名：权力的困境：武则天和她的时代
　　　　　QUANLI DE KUNJING: WUZETIAN HE TA DE SHIDAI

作　　者：李小喵　著
责任编辑：尉晓敏　赵海燕
封面设计：人马艺术设计·储平

出版发行：哈尔滨出版社（Harbin Publishing House）
社　　址：哈尔滨市香坊区泰山路82-9号　邮编：150090
经　　销：全国新华书店
印　　刷：嘉业印刷（天津）有限公司
网　　址：www.hrbcbs.com
E-mail：hrbcbs@yeah.net
编辑版权热线：（0451）87900271　87900272
销售热线：（0451）87900202　87900203

开　　本：880mm×1230mm　1/32　印张：9.5　字数：185千字
版　　次：2023年9月第1版
印　　次：2023年9月第1次印刷
书　　号：ISBN 978-7-5484-7047-2
定　　价：55.00元

凡购本社图书发现印装错误，请与本社印制部联系调换。
　服务热线：（0451）87900279

序言

武则天为什么能成为中国历史上如此出名的皇帝？

这是来自知乎的一个问题。

问题的答案当然是武则天是中国历史上唯一的女皇帝。

在她之前不是没有女主政，比如秦宣太后、吕雉和冯太后，尤其是吕雉，司马迁更是在《史记》直接给了她一篇帝王本纪，认同了她作为天下主的身份。可只有武则天终于迈出了最后一步，做了皇帝。

但在具体回答这个问题的过程中，我却渐渐发现，做了女皇帝是武则天这一生最大的成就，也成为她最大的困境。

在成为皇帝前，武则天权力道路上的主要问题还是在于如何利用好当时的权力制度，为自己谋取最大的政治利益。而在她当上皇帝后，她面对的权力困境，却来自于整个朝廷制度乃至当时的道德体系。

之前的皇帝制度，包括后宫、皇族、皇帝的姓氏等，都是

权力的困境：武则天和她的时代

围绕男性设计的。而武则天作为一名女性，在以前皇帝制度下是附属，如今突然成了核心，既导致她作为皇帝本身权力的岌岌可危，又导致她作为女性的社会权力的岌岌可危。

武则天称帝后面临的第一个困境就是她的子女都姓李，而她的皇族都姓武。她只能强迫自己的孩子改姓武，但这种行为是在强迫孩子背弃祖宗，这是最大的不孝。

中国古代历朝历代依旧推崇"孝为百善之首"，作为传承生命的母亲，在这样的道德体系中拥有着巨大的社会权力。而此时的武则天必须要舍弃自己作为母亲的社会权力，以维持自己作为皇帝的政治权力。

在她之前，从未有过任何中国女性遇到过如此的难题。即便吕雉实际就是天下主，但她也只是乖乖地待在原有的制度下治理天下。在"家天下"这个封建概念下，在女性这个社会身份里，她依旧是那个田间伺候丈夫和孩子的妇女。

而武则天在那个时代里，因为突破了权力约束，成为女皇帝，也就真正地去面对了家庭和事业的矛盾。就像我们现代社会里职业女性都在面对如下问题：职场上只有职位没有性别，但家庭只有性别没有职位，那么如何去协调两者关系，如何去把握两者的平衡？

在写作本书的过程中，我渐渐发现武则天之所以在今时今日依旧拥有巨大的话题度，尤其是对于女性仍发挥着巨大的榜样作用，可能未必是因为那些香艳故事，而是因为千年过去后，社会

序言

发展至今，人们脱离了封建枷锁，拥有了更多的权利，也承担了更多的责任，但武则天在千年之前遇到的的权力困局，仍能与现代女性有某种程度的共鸣。

有时候，历史人物与我们当代人就像居住在不同楼层的邻居，虽然不常见面，但时刻能感受到彼此的存在。本书就是试图带着大家敲敲武则天这位邻居的门，做一个小小的拜访，希望大家能够喜欢。

目录

楔子　武娘子疑案　　　　　　　/ 001

第一章　玄武门之变　　　　　　/ 009

第二章　袁天罡预言　　　　　　/ 024

第三章　"透明"的武才人　　　　/ 045

第四章　武则天的豪赌　　　　　/ 058

第五章　李治的困局　　　　　　/ 071

第六章　李武联盟　　　　　　　/ 084

第七章　皇后武则天　　　　　　/ 104

第八章　转折　　　　　　　　　/ 118

第九章　"捡来"的太子　　　　　/ 133

第十章　妖道之谜　　　　　　　/ 144

第十一章　章怀太子之死　　　　　/ 158

第十二章　"佛光王"上位　　　　　/ 168

第十三章　废帝风波　　　　　　　/ 178

第十四章　裴炎的背叛　　　　　　/ 198

第十五章　女皇登基　　　　　　　/ 216

第十六章　臣轨子训　　　　　　　/ 232

第十七章　明堂盟誓　　　　　　　/ 249

第十八章　神龙政变　　　　　　　/ 265

结语　权力使人疯狂　　　　　　　/ 283

楔子　武娘子疑案

《旧唐书》曾经记载了这么一件事：

贞观初，太白频昼见，太史占曰："女主昌。"又有谣言："当有女武王者。"太宗恶之。时君羡为左武卫将军，在玄武门。太宗因武官内宴，作酒令，各言小名。君羡自称小名"五娘子"，太宗愕然，因大笑曰："何物女子，如此勇猛！"又以君羡封邑及属县皆有"武"字，深恶之。会御史奏君羡与妖人员道信潜相谋结，将为不轨，遂下诏诛之。天授二年，其家属诣阙称冤，则天乃追复其官爵，以礼改葬。

这段话说的是贞观初年，在一次唐太宗李世民和武将的宴会上，皇上和在场的将军玩起了酒令，轮到谁就要说出自己的小名，好巧不巧轮到了李君羡。李君羡很是不好意思地分享了自己的小名——五娘子，引得众人哈哈大笑。李世民当场调侃："什么娘子这么勇猛啊？"

要知道，李君羡并不是儒将，而是一位名副其实的猛将。他打仗喜欢单骑出列，勇猛往前冲，一路砍过去，能砍多远，取决于敌方大本营有多大。唐初，他带兵去青海，灭了贼人不说，还带了两万多头牛羊回来当战利品。之所以会举办这场宴会，也正是因为李君羡刚刚和尉迟敬德一起赶走了突厥，李世民要为他们庆功。

当时，听到突厥来犯，李世民本来有点担心，但一听李君羡在，他就放心了，因为李君羡太猛了。

所以，李君羡这位有胡有毛有胸肌的男人，小名竟然叫"五娘子"，未免让人难以直视。

本来，这就是一个酒宴小聚，李君羡这个小名顶多让自己当场尴尬，皇帝和官员笑笑也就算了。可是好巧不巧，前几天太白昼，太史令占卜出"女主昌"的卦象。而李世民又想起了不久前坊间流行的传说："唐三世之后，女主武王代有天下。"他再一想，李君羡官职是左武卫将军，封号是武连县公，属县是武安县，皆有"武"字，他小名又为"五娘子"，这不刚好都对上了吗？

楔子　武娘子疑案

李世民就找借口把李君羡给杀了。

武则天当皇帝后，李君羡家族觉得自己那叫一个冤啊，自己祖宗是给武则天当了替死鬼啊，于是上报武则天。武则天当然不能白白占了人家一条命，于是就恢复了李君羡的官职，并且将他风光大葬。

这桩"五娘子替武媚娘受死"的命运冤案不但《旧唐书》有记载，《新唐书》也有记录。

但作为一个现代人，自然知道所谓的谶语和预言不过是概率和迷信的结合产物。那么这件冤案的真相到底是什么呢？

李世民在第一时间听到李君羡的小名时哈哈大笑，回家一想才觉得"哎呀妈呀，不对劲啊"，立马就要杀他。一代明君李世民会不会有这么不靠谱的举动另说，咱们从宴会的时间说起。

《新唐书》《旧唐书》都说时间在贞观初，《旧唐书》还透露了一点：在宴会的时候，李君羡担任左武卫大将军，也就是这个时间不会超过贞观八年，因为贞观八年后，李君羡就去了地方当华州刺史。当时的交通并不像现在那么方便，李君羡自从去了地方当刺史，很少回长安了。他还能参加李世民举办招待武将的宴会，肯定就是去当地方刺史之前。

那么李君羡是什么时候被杀的呢？贞观二十二年，中间相差了十四年。

如果你是李世民，会留一个可能威胁你皇权的人长达十四年吗？

更何况，华州即今陕西省渭南市华州区及周边地区，因州境内有华山而得名，前据华山，后临泾渭，左控潼关，右阻蓝田关，历为关中军事重地。李世民不但留着李君羡，还把华州这么重要的军事重地丢给他，难道是觉得他不够危险吗？

其次，太白昼这个事在唐初不是什么稀罕事。武德年间，李渊在位的时候太白昼就发生了七次。贞观年间稍微少点，只发生了两次，分别是贞观十六年二月和二十二年七月，而这时李君羡在华州当官呢！

那么李君羡到底因何而死？

其实这件事在历史上是记载得很清楚的，我们就采取《资治通鉴》里的说法：

> 有布衣员道信，自言能绝粒，晓佛法，君羡深敬信之，数相从，屏人语。御史奏君羡与妖人交通，谋不轨。壬辰，君羡坐诛，籍没其家。

也就是说李君羡搞封建迷信，找了妖道士，经常两个人搞小动作，想要偷窥天机。这件事被御史知道了，就告他图谋不轨。所以李君羡是死于"谋不轨"，也就是我们俗称的造反。

那么他到底死得冤不冤呢？不冤！因为唐律有一条："诸造妖书及妖言者，绞。"

《唐律疏议》的注释为：

楔子　武娘子疑案

造，谓自造休咎及鬼神之言，妄说吉凶，涉于不顺者。

《唐律疏议》继续解释：

"造妖书及妖言者"，谓构成怪力之书，诈为鬼神之语。"休"，谓妄说他人及己身有休徵。"咎"，谓妄言国家有咎恶。观天画地，诡说灾祥，妄陈吉凶，并涉于不顺者，绞。

李君羡和员道信两个人可能在一起看了星相，这是"鬼神之言"；他们俩还测了国运，这是"妄说吉凶"。于是御史怀疑他们图谋不轨，把他们给告了，所以李君羡被杀，这合理合法。李君羡死得不冤，他的所作所为，按唐律就是得死。

但他的罪是否严重到要"籍没其家"，也就是他到底是不是在"谋不轨"呢？

要知道，"籍没其家"是很重的刑罚，就是除了年纪大或者笃疾、废疾可以免除以外，父子十六岁以上受绞刑，而十五岁以下和母女、妻妾、祖孙、兄弟、姐妹以及各式财产一并没官，即财产没收，人员没为官奴。一个词：抄家为奴。

在唐朝为奴，情况要严重很多，为奴者也就是比畜牲好一点。奴隶不仅仅没有人身自由，而且如果没有特赦，不但自己为奴，子孙世世代代也都是奴隶。比如上官婉儿，她就是因为祖父犯罪，自己一出生就是奴婢。

要知道李君羡到底有没有图谋不轨，我们就看看他出事那一年，即贞观二十二年发生了什么事。

那一年，李世民要去打高句丽。同年七月，房玄龄去世。去世前，房玄龄再一次劝李世民不要出征，全体大臣也都认为这场仗不能打。但当时，李世民已经让人打造了战船，是非出征不可。

那么作为一个经历过隋炀帝三征高句丽和之后整个乱世的人，此时驻守在军事要地的华州刺史李君羡，会不会对唐朝国运感到忐忑？

就在此时，他认识了一个人——通鬼神的员道信，作为古人的他想去测一下未来，这是人之常情。

可这在李世民看来，就完全不是一回事！

李世民会去远征高句丽，就是因为他身体快不行了（事实上第二年他就去世了），所以想在去世前集中全国力量，帮李治把高句丽这根刺除掉。就在这个时候，御史告李君羡"造妖言""谋不轨"。李君羡在华州这么重要的军事要地担任地方军事长官，李世民是不可能放过他的。毕竟李治当时也不过二十岁，倘若李君羡真有反心，李治怎么驾驭得住？

所以李君羡死，甚至全家为奴，不是因为他的小名，更不是因为所谓的预言，而是因为他在最错误的时间，在最错误的地点，做了最错误的事，触碰了李世民的脑子里那根警戒线。

那么李君羡到底有没有反心，李世民有没有杀错？这一点除了李君羡本人，就是他的家人最清楚了。李世民去世后，唐高宗李治即位。李治在位三十四年，在此期间，李君羡的后人从来没有试图给祖先翻案。而在这三十四年里，李治不止一次大赦天下，也没有赦免过李君羡一家。

最奇怪的是，到了天授二年，李君羡后人为先人翻案，也不是想为李君羡造妖言谋大逆的行为翻案，反而是拿那贞观初年宴席上的玩笑来洗刷罪名。可见李君羡家人是很清楚当年他是一个什么心态，又犯下什么样的罪行。

李世民身体渐衰，出征在即，封疆大吏却联合妖人造妖言，试图谋反，威胁到的当然不止是出征在外的李世民，更包括在定州监国的太子李治。这也是李治统治时期，李君羡一门从未上诉的原因。他们心里非常清楚，只要李唐在，他们就没办法翻案。所以他们一直等到武周建立，在李唐王朝已经没戏的情况下才提出翻案。

当时，武则天一直到处收集所谓的祥瑞，为自己造势，制造自己合理登基的民间舆论。陈子昂在天授元年上书《上大周受命颂表》中说道："今者凤鸟来，赤雀至，庆云见，休气升，大周受命之珍符也。"

借这个机会，李君羡的后人另辟蹊径，把贞观初的酒宴戏言说成了一种预言，强行把李君羡造妖言和谋大逆的罪行说成了代天命所归的武则天受死的壮举。

对于武则天来说，这是双赢的。李君羡谋逆的是前朝，与武周无关，而自己也可以借李君羡的死造一波"天命所归"的声势，何乐不为？

于是两方一合计，"'五娘子'替武媚娘受死"一说立刻传遍了武周，成了后来说武则天有天命的一个重要力证。

"五娘子疑案"不过是武则天八十二年人生众多谜团之一罢了。武则天到底有没有天命？关于她的所谓预言，到底有多少是真的，有多少是像本案这样牵强附会？

这一切还是要从玄武门之变说起……

第一章　玄武门之变

武则天出生于武德七年，是唐朝应国公武士彟与隋朝遂宁公杨达千金的次女。

李渊自太原起义，并于618年建立唐朝。到武则天出生这一年，也就是624年，这个新生的唐帝国刚刚打败了刘黑闼，除朔方的梁师都外，已基本完成中国统一。

唐高祖武德九年六月，两岁的武则天正与家人在扬州过着神仙一般的日子。

武则天的父亲武士彟时任检校扬州都督府长史，虽然长史这类官职只相当于扬州都督的副官，可原来的扬州大都督赵郡王李孝恭因为被人举报谋反，已经被皇帝李渊召回长安。武士彟以副官的职位接替李孝恭的工作，成为了扬州实际的管理者。

武士彟做得很卖力,《册府元龟》说他:"开辟田畴,示以刑礼,数月之间,歌谣载路。"

武士彟此时对自己的未来是非常乐观的。在京杭大运河开通后,扬州迅速地成为了当时东南第一都会,成了连隋炀帝都不愿意离开的地方。即便他永远不可能获得扬州都督这种只能由皇族担任的职位,但凭着扬州的富饶,他也能做出佳绩,在官场上更上一层楼。退一万步,即便一直在扬州深耕,他也可以在有生之年,带着自己的家族扎根扬州,成为当地的大户。

不管怎么说,在武德九年六月前的武士彟看来,各方面条件,都可以用《大决战》里的一句台词来形容:"优势在我!"

是的,如果一切都按照武士彟的计划,他此时不过两岁的女儿很有可能会在扬州长大,成为一位江南水乡的大家闺秀。如果武士彟运气能够再好些,也许能为女儿添上足够的嫁妆,把自己美貌的女儿嫁给士族子弟,真正实现阶级跨越。

那么,史书上就不会有武则天。运气好的话,我们也许会从某个官员的家族墓中发现他夫人的墓志铭,得知在唐初有一个贤良淑德的武氏,为自己的丈夫生儿育女,陪伴他宦海沉浮。如果她丈夫官运不错,这位武氏的墓志铭可能会是由当时某位有名的书法家抄写。

但无论如何,按照武德九年六月前的武士彟的原本计划,武则天不可能入宫,更加不可能认识当时还未出生的李治。

可就在武德九年六月初四庚申日,也就是公元626年7月2日

第一章　玄武门之变

的清晨，一切都改变了。

这一天发生了历史上著名的玄武门之变。

当时，唐高祖李渊的次子秦王李世民，在唐王朝的首都长安城太极宫的北宫门——玄武门附近，发动了一次政变。

在起兵反隋的过程中，李建成、李世民兄弟二人配合仍算默契，直到建立唐朝。唐朝建立后，由于统一战争多为秦王李世民挂帅，他屡战屡胜，最后功高无可封，被封天策上将，就此也被李渊及其长子李建成、三子李元吉所忌惮，意图夺其兵权。

以李世民为首的功臣集团为求自保，在玄武门发动兵变。李世民亲手射死了太子李建成，手下尉迟敬德砍杀齐王李元吉，自此李渊立李世民为太子，两个月后禅让皇位，是为唐太宗，年号贞观，开启了二十三年的"贞观之治"。

这一天，不仅是唐朝历史改变了，武士彟一家的命运也就此改变。

当扬州的武士彟一家还在床上酣睡的时候，数千里外的长安，秦王李世民带着他的八百府兵埋伏在太极宫玄武门之前。等到扬州的武士彟像往常那样在坐衙办公时，李世民与手下卫士已经杀死了太子李建成和齐王李元吉。紧接着，尉迟恭身穿铠甲冲到在皇家花园里游湖的皇帝李渊面前，报告太子和齐王"谋反"。

扬州的武士彟结束办公，回到自己扬州府衙后，也许还抱了一会儿两岁的小女儿武则天，逗得她发出"呵呵"的笑声。在他享受天伦之乐时，长安的李渊回到宫殿，接受了自己一个儿子杀死了自己两个儿子的现实，召见秦王李世民。

改变唐朝历史、改变武士彟命运、改变武则天命运的玄武门之变，就在这么一个平凡而又不平凡的一天里发生了。

我们先让武士彟和他的家人享受他最后在扬州的幸福时光，把视角放到长安，看看武士彟的老领导李渊与秦王李世民在玄武门之变后的第一次见面。

《资治通鉴》记载：

> 上乃召世民，抚之曰："近日以来，几有投杼之惑。"世民跪而吮上乳，号恸久之。

"投杼"是一个出自《战国策》的典故。杼就是织布的梭子，指的是儒家七十二贤曾子母亲的故事。

曾子当时在一个叫费地的地方，不巧的是费地有个与他同姓同名的人杀了人。正所谓好事不出门，坏事传千里，很快就有人告诉曾子母亲，说："曾子杀人了。"曾子母亲说："我的儿子不会杀人。"于是继续织布。过了一会儿，又一个人跑来说："曾子杀人了。"这次曾子母亲默不作声，继续织布。又过了一会，又有人来说："曾子杀人了。"这次曾子母亲惊恐地扔掉梭子，翻过垣墙逃跑了。

这个典故原本是形容谣言的可怕，会让母亲都不相信儿子。

第一章 玄武门之变

此时李渊对李世民说最近这段时间自己几乎陷入了投杼的困惑之中，显然别有深意。

表面上看，李渊是说最近自己被谣言蒙蔽，不相信李世民。

可是经过玄武门之变，秦王不孝和想要天下的这些话，还是谣言吗？

曾子的母亲以为儿子杀人，是因为恰好有一个同名同姓的人杀人，归根结底是一场误会。

而玄武门之变并不是，李世民是真的亲手杀了自己的兄弟。

说得再坦白一些，李渊实际上是在说："最近我听到你杀死自己哥哥和弟弟的消息，可是在内心深处，我仍然希望这是一场像'投杼'故事一样的误会，我实在不敢相信你真的做了这种事。"

这是李渊面对成功谋反的臣子兼儿子，在不能说出责备的话的情况下，所能表达的最深切的责备。李世民无颜以对，只能扑进父亲的怀里，痛哭流涕。

也许李渊说这些话，除了表达悲愤之余，还有想要李世民手下留情。可李世民究竟是李世民，他虽然很容易流泪，却是历史上最冷静的帝王之一。他刚刚还在父亲怀里痛哭流涕，一抹干净眼泪，就开始磨刀霍霍地向父亲残留在朝廷的臣子走去，没有带一丝的感情。

按唐朝官方规定，普通驿马一天行180里左右，特急可加快到一天行500里，当扬州的武士彠得知玄武门之变，已经是5到10

权力的困境：武则天和她的时代

天后。

这时，李世民已经成为太子，原太子李建成和原齐王李元吉的儿子们都已经被处死了。李渊已经彻底地成为了一个摆设，什么时候成为太上皇，只取决于仪式的筹备时间而已。

之所以要讲述李渊的绝境，是为了告诉读者一个很有可能的事实：武士彟得知玄武门之变时的心情绝不仅仅是惊讶，而是惊慌、恐惧甚至绝望。因为他能够到扬州检校扬州都督府长史，正是源自李渊对李世民的打压。

武德八年，有人告发当时的扬州大都督李孝恭谋反。李渊二话不说立刻将他召回，并且安排襄邑郡王李神符检校扬州大都督，武士彟检校扬州都督府长史。

"检校"在古代有兼任和暂代的意思。于是，我们就能看到《册府元龟》记载：

> 唐武士彟，武德末判六尚书事，扬州有人告赵郡王孝恭有变，追入京属吏，高祖令士彟驰驿，简（检）校扬州都督府长史。

同时，《资治通鉴》也有相同的记载。

李神符是李渊的堂弟。他因李渊在太原起兵而受到牵连，被当时隋朝刑部尚书卫玄关进了大牢，一直等李渊攻入长安才被放出来，忠诚度值得信赖。李神符打仗能力也不错，在担任并州都

第一章　玄武门之变

督的时候，曾经击退进犯的东突厥，斩级五百，获马二千。后来他又战沙河，擒获乙利达官，得可汗所乘战马及铠甲，被封为太府卿，回到了长安。

李渊让李神符去扬州接管军权是看重他的军事能力，而让武士彟过去，则是看中他在当时大臣中有"明干"的名声。武士彟忠贞不贰，恪尽职守，甚至因为过于热爱工作，老婆孩子死了都没来得及回家看一眼，堪称武德年间的大唐劳动模范。

李渊把有谋反嫌疑的李孝恭召回来的同时，安排武士彟和李神符一同前往扬州就职，这并不奇怪。奇怪的是李神符和武士彟到了扬州做的第一件事，就是"始自丹杨（阳）徙州府及居民于江北"，把扬州总管府从丹阳迁回隋朝扬州江都故郡。

他们俩一过去，在很短的时间里就完成了扬州总管府的交接和搬迁。《册府元龟》说："移丹阳郡于都，不日而就。"就是说不过几天的时间就完成了。按照今天的标准，大概相当于几天就把江苏省省会给搬走了，属实是大唐速度。

为什么这么着急呢？这就要说一下李世民和李孝恭之间，在当时看起来除了是普通亲戚以外就没有任何关系的关系。

李孝恭是李渊的侄子，也是李渊统一南方的主要将领。而在武德八年，他刚平定了江南、收复了岭南，随后就在当时的扬州总管府丹阳修筑宅第，并设置哨所往来巡察以护卫自己，也就是在当地有了自己的武装部队。

李孝恭不可能不知道自己在扬州总管府设置武装部队是多么

不合时宜，让自己很有可能会被告发（后来这确实发生了），可他还是那么做了。

而李孝恭并不是一个有野心的人，他爱喝酒爱美女，喜欢奢侈，可对权势极为敬畏甚至到了一种敏感过度的地步，连住大一点的房子都会不安。正是因为他的这种性格，所以李渊和李世民都很喜欢他。

李渊也是因为李孝恭的性格，当初才会选择他去下江南完成统一大业。

可李孝恭为什么会在扬州做出那么反常的行为呢？

李渊当时肯定也是很疑惑，《旧唐书》说李渊将李孝恭召回长安后，"颇为宪司镌诘"，就是把他丢进刑狱里审问，这是一种羞辱。当年齐王李元吉冤枉秦王李世民想谋反，李世民不服气，就对他父亲说："你不相信我，就让刑狱来审问我吧！"李渊听了赶紧让他冷静，别那么极端。可见在当时，被刑狱审问是一件很丢脸的事，何况被审问者往往还会遭受刑罚。

李孝恭在狱中硬是什么都没说，李渊也没办法，只能把他放了，改让他去做宗正卿这样的闲官。而武德九年，本来做闲官的李孝恭突然被赐予实封一千二百户。

我们不确定他被赐予封赏是在玄武门之变之前还是之后，比较可能是之后，因为自此他的好日子才刚刚开始。

李孝恭位列凌烟阁二十四功臣第二，在整个贞观年间都深受圣恩。贞观十一年，李世民发《功臣世袭刺史诏书》：

第一章 玄武门之变

无忌可赵州刺史，改封赵国公；

尚书左仆射魏国公元龄可宋州刺史，改封梁国公；

故司空蔡国公杜如晦可赠密州刺史，改封莱国公；

特进代国公靖可濮州刺史，改封卫国公；

特进吏部尚书许国公士廉，可申州刺史，改封申国公；

兵部尚书潞国公侯君集，可陈州刺史，改封陈国公；

刑部尚书任城郡王道宗，可鄂州刺史，改封江夏郡王；

晋州刺史赵郡王孝恭，可观州刺史，改封河间郡王；

同州刺史吴国公尉迟敬德，可宣州刺史，改封鄂国公；

并州都督府长史曹国公李勣，可蕲州刺史，改封英国公；

左骁卫大将军楚国公段志元，可金州刺史，改封褒国公；

左领军大将军宿国公程知节，可普州刺史，改封卢国公；

太仆卿任国公刘弘基，可朗州刺史，改封夔国公；

相州都督府长史郧国公张亮，可沣州刺史，改封郧国公。

以上这十四位，"馀官食邑并如故，即令子孙奕叶承袭"，就是这十四个人的封邑和刺史官位可以世袭。

这些人要不就是秦王府旧部，要不就是随李世民征战四方的老部下，唯独李孝恭既不是秦王府旧部，也没有在李世民手下打过仗，当时更是处于半退休状态，却能享受这种待遇，侧面说明李孝恭很有可能在武德年间已经是名副其实的秦王党，只是李渊并不知情。

权力的困境：武则天和她的时代

当年李渊会派李孝恭下江南完成统一大业，就是因为不想要秦王李世民做大。但其实这时李孝恭已经是李世民的人，所以他统一江南后立刻布置武装部队，这并不是为了他自己，而是为了李世民着想，做好万无一失的准备——万一李世民退到洛阳，依旧有二分天下的实力。

这就是为什么李渊会对李孝恭建立地方武装部队这件事如此愤怒和恐惧，也是为什么武士彟到扬州第一件事就是将整个扬州总管府给搬走。

李渊的战略意图，武士彟作为执行者肯定是知情的，也就是说在前往扬州的路上，武士彟已经用脚为自己和家人做了政治投票。

而他越是完美地完成了李渊布置的任务，就越是成功地破坏了李世民精心的布局。于是，当玄武门之变发生后，武士彟就知道自己的政治生涯自此之后只有下坡路可以走了。

果然，就在当年，李世民刚当太子不久，就迫不及待地召武士彟回到长安，赏赐了他很多东西，然后就让他去做了豫州都督。

虽然武士彟看起来不但没受到牵连，反而从长史这样的幕僚官职升到正职，但实际上，李世民是把他从战略要地上挪走了。

唐朝有四大都督，分别是扬州、益州、并州和荆州都督府。唐朝有"扬一益二"的说法，扬州的富饶排第一，益州排名第二；荆州位居长江中流，是山地平原的交汇处，是重要的战略地

第一章 玄武门之变

点；而太原乃是李唐的龙兴之地，所以并州一样有重要的战略意义。

武士彟从扬州到了豫州，看似升了官，其实是从一级战略要地降到了次一级的位置，而且是李世民还在当太子的时候就做出的调任，可见李世民对武士彟在扬州这件事是多么的不爽。

李世民针对的其实并不是武士彟一人，而是整个李渊重臣，武士彟只是其中的代表人物。

很多人会不由地问了：武士彟那么精明的人，当时为什么没有投靠李世民做秦王党，而是死心塌地做李渊的马前卒？

如果武士彟是秦王党，那么武则天的命运也会彻底不同。她即便还会进宫，也更可能是做某位王子的王妃，即便不如皇后显贵，但少了很多糟心事，过的也是富贵的神仙日子。

理论上来说，武士彟不是没有做秦王党的机会，因为武士彟并不是普通的大唐大臣，他是太原元谋功臣十七人之一，也就是当时李渊和李世民在太原举兵时的主要参与者。

《新唐书》记载：

> 始，高祖论太原首功，诏尚书令秦王、尚书左仆射裴寂、纳言刘文静恕二死；左骁卫大将军长孙顺德、右骁卫大将军刘弘基、右屯卫大将军窦琮、左翊卫大将军柴绍、内史侍郎唐俭、吏部侍郎殷开山、鸿胪卿刘世龙、卫尉少卿刘政会、都水监赵文恪、库部郎中武士彟、骠骑将军张平高、李

思行、李高迁、左屯卫府长史许世绪等十四人恕一死。

武士彟作为拥有免死金牌的太原首功功臣，和李世民达成了历史上第一次也是唯一一次同框。

但这十七人，除去早死的殷开山和赵文恪，其实可以分成两拨，一拨是李世民的亲密之人，包括刘文静、长孙顺德、刘弘基、窦琮、柴绍、唐俭、刘政会；另一拨是李渊的亲密之人，包括裴寂、刘世龙、武士彟、张平高、李思行、李高迁、许世绪。

表面看，这些人是各为其主，其实深究这些人的出身背景，你就会发现，和李世民亲近的大多数都是出身显贵的官员后代，而和李渊亲近的多是白手起家的创业者。

李渊最为亲密的裴寂是其中出身最好的，其家族西眷裴氏是当时河南望族，裴寂的父亲也是当官的。但裴寂自幼丧父，由兄长抚养长大，父亲留给他的估计只有可怜的记忆。

后来骆宾王《为徐敬业讨武曌檄》中第一句说武则天"地实寒微"，指的就是武士彟出身商贾，上不了台面。而在李渊一派的太原首功功臣中，还有稽胡族人刘世龙、避仇家躲过来的亡命徒李思行、四处流浪的李高迁。这么一对比，武士彟虽然出身商贾，却是正宗汉人血脉，又做了正儿八经的官员，收入稳定，在这个集团里，家庭背景已经至少排名前三。

这并不能说李世民嫌贫爱富或李渊礼贤下士，因为后来李世民的手下大臣中也有很多出身寒门的能人，这要根据当时的环境

第一章 玄武门之变

来看。李渊在起兵前其实是一直被隋炀帝杨广派的王威和高君雅监视着的。在这种情况下,李渊如果还去结交那些名门望族,就等于脖子送到铡刀下——找死。

于是他的二儿子李世民就是结交贵族的最佳人选。因为李世民当时只是个十多岁的半大小子,正在爱玩爱闹的年纪。他去结识这些名门望族,就不会引起别人的警惕和怀疑。太原首功功臣里和李世民亲密的,几乎都是他通过嬉笑玩闹的方式或者走亲戚结识的。

也正是在这种情况下,武士彟等寒门子弟便在一开始与李世民擦肩而过,反而成为李渊的心腹之臣。

在"玄武门之变"后的短短三年里,李渊这一派太原首功功臣,除了在武德年间就因为战败被除名徙边的李高迁,其余全部都被外放,没有一个人留在长安。

裴寂,贞观三年,受到僧人法雅牵连,免官流放于静州,讨平山羌叛乱有功。贞观六年,征召入朝,卒于途中,追赠工部尚书、相州刺史、河东郡公。

刘世龙,贞观初年,转少府监,坐罪配流岭南,寻授钦州别驾,卒于任上。

张平高,武德九年十月,唐太宗即位,从实再论功行赏,封张平高食邑300户。贞观初被调离长安,出任丹州刺史。不久,因妖言所涉而获罪,免去职务,仅令以右光禄大夫回乡。后病死于家中。张平高死后,唐太宗李世民改封他为罗国公,唐高宗李治追赠潭州都督。

李思行，武德年间，出任齐王（李元吉）府护军。玄武门之变后，得到赦免，累迁嘉州刺史，册封乐安郡公，永徽初卒。

许世绪，出为蔡、鄂、瓜、豫等州刺史，封真定郡公，卒于任上，追赠灵州都督。

最后，也就是武则天的父亲武士彟，他也没能幸免。玄武门之变发生后，李世民召他还朝，加以赏赐，予以礼待。然而不久之后，武士彟就和其他的李渊亲信一样，调任豫州都督，离开了长安。

自此，武则天的命运也随着父亲政治投资的失败而彻底地改变。

当武士彟带着全家回到长安时，是惴惴不安的，前途未卜。而当武士彟带着全家离开长安时，是绝望痛苦的，前途黑暗。

此时不过三岁的武则天肯定不能理解这一切，但家中从风光无限到愁云惨淡的急转直下，这样的孩童记忆也必定给她留下了深刻的人生烙印，这种不安几乎贯穿了武则天的整个人生。

即便都是被调出长安、远离了政治中心，我们还是能看到武士彟性格特点和其他人不同的地方，而这个性格特点完美地被武则天继承了下来。

这个性格特点说起来非常常见：自强不息。

武士彟是一个自强不息的人。

在整个贞观年间，无论是遇到何种境遇，武士彟从来没有像其他同僚那样破罐破摔,或者是连声抱怨,惹来祸事。他只是更加努力地工作,做出不可忽视的业绩之余,还时刻观察着长安,观察自己的新老板,等待最好的时机。

武士彟从未磨灭自己的野心和企图,而是把自己藏得极为巧妙。他藏得如此之好,以至于我们要从后来关于武则天的最有名的预言中才能探知一二。

那就是袁天罡的预言。

第二章　袁天罡预言

袁天罡何许人也？他是唐朝著名的相面师，你就算没听过他的名字，也一定听过他的著作《推背图》。

袁天罡家境贫寒，年轻的时候就是靠算卦为生，但他生在一个好时代。隋末天下大乱，大家都对自己未来的命运很是忐忑，于是，算卦的生意就越来越红火。袁天罡能出名一方面是他算得准，另一方面是他很会看人。

我们从科学的角度看，也能理解其中原因。他自幼家境贫寒，但饱读诗书，又有走街串巷算卦的经历，对当时社会从上到下的人都有深刻的观察和深刻的理解，这也是他相面术如此神奇的基础。

袁天罡与幼年武则天有没有交集呢？很可能是有的，因为武则天的父亲武士彠当时在仕途上真的遇到了难题，需要人为他指点迷津。

我们上一章说过，自从玄武门之变之后，武士彠身为李渊的亲信，再加上破坏了李世民在扬州的布局，算是彻底上了李世民的黑名单，当年就离开了长安。

一般人到了武士彠这种境地，大概率也就从此认命，一蹶不振了。可武士彠偏偏有着自强不息的性格，他也很擅长不认命。

人生这场旅途，有人擅长短跑，有人擅长长跑，而武士彠擅长的是攀岩。因为武士彠的人生几乎就是从一道绝壁攀到另一道绝壁，从没有走过平坦的道路。

武士彠原本就是商贾的孩子，年轻时还干过挑豆腐在街上贩卖的活，后来靠着做木材生意发家。武士彠从商贾爬到官吏，最后甚至做到了工部尚书，晋爵应国公，可以说，以一己之力实现了家族的阶级跨越。

大家都知道，从零到一是最难的。武则天能当皇帝，她爹创造的那个"一"是基础。

当时的职业按照士农工商四个行业分类，有着严格的等级制度，商人是最下一层，隋唐规定工贾殊类不得参加科举，还要求商贾穿皂色也就是黑色的衣服，用以和其他行业分别出来，这种针对性歧视可以说是相当过分了。而商人的户籍也和其他人不一样，被单独列入市籍。

因为隋炀帝大兴土木，武士彠靠着贩卖木材得以发家。可是他成也隋炀帝，败也隋炀帝。

隋炀帝是一个超级会花钱的主，且不说他大兴土木建造洛阳城和京杭大运河，就说他好大喜功，三征高句丽，北上打突厥，这些行动都是需要花钱的。只说这些，可能大家都没有办法体会到隋炀帝到底多能花钱，就举一个例子。

"万国来朝"这个词最早见于隋朝，说的就是隋炀帝。每年过年时，隋炀帝为了展现自己是"圣王之业"，招待来朝见的使臣十五天。这十五天里，每天都是大型的春节晚会和狂欢节，使臣不用开销全是免费的。京城里单是戏场就布置了几千米长，而且所有外国人在京城吃饭都不给钱，为的就是炫耀大隋朝物资丰富。不仅如此，隋炀帝还让包括菜贩在内所有的小贩都铺上地毯。过年的时候，树上干枯不好看，隋炀帝下令全部披上绸缎，这个面子工程可以说是武装到树枝了。

可是外国人也不是傻子呀，人家说："你与其把绸缎给树，不如给街上乞丐穿。"但对隋炀帝来说，这真的是逆耳忠言。这样的面子工程，他整整干了三次，直到彻底没钱为止。

他如此奢靡，仅仅依靠国库是不够的，那么还有谁来为他的"圣王之业"埋单呢？当然就是他底下的官员。那么他底下的官员又是剥夺谁呢？自然是更加底层又握有财富的商人。

武士彟很快发现，自己辛辛苦苦、起早贪黑地经商，可是除去苛捐杂税加上给官员打点的红包，自己不但没得赚，还差点连本都赔进去。

第二章 袁天罡预言

真正压死武士彟的最后一根稻草是当时的司徒杨素。杨素作为一个封建大臣,唯一的缺点就是贪钱。而武士彟可能是钱没打点到位,差点被贪钱的杨素整进监狱里去,只能到处找关系求情,终于在当时观王杨雄的帮助下逃过一劫。

当时急于去财消灾的武士彟和顺手拿钱办事的杨雄都不可能想到,若干年后的大唐武德年间,在李渊的介绍下,杨雄的侄女嫁给了武士彟,而她正是武则天三姐妹的母亲。

有时,不管你信不信,人与人之间的缘分就是这样在冥冥之中注定好的。

虽然逃过一劫,但武士彟究竟是得罪了隋朝第一权臣杨素,以后再想和朝廷做生意是没可能的。这是武士彟人生的第一道绝壁。

面对此情此景,武士彟索性不经商了。以他的商贾出身,不配考科举,于是他干脆花钱捐了一个军官的职位吃皇粮去,争取有朝一日把当年的亏给吃回来。

就在这时,他遇到了李渊。

其实他和李渊是旧识,当年他还做生意的时候,李渊路过时还在他家住过。

大家可能会很意外,李渊怎么会愿意到一个商人家里住,还和他成为朋友。其实这并不奇怪,和李世民动不动就骂人"田舍翁"的暴脾气不同,小时候吃过苦的李渊是出了名的好脾气。

李渊年幼丧父,又经历了国家的大变动,长大后给姨夫隋文帝当过千牛备身，就是皇家保安。要知道隋文帝是一个工作狂，干起活来没日没夜的，李渊也跟着活受罪。年纪再大点，李渊那长得好看的表弟隋炀帝杨广又看他不顺眼，动不动就奚落他脸上的褶子。

面对生活的各种不顺，李渊能怎么办？他名为唐国公，其实没有父亲可以依靠，去世的兄长除了留下几个还在吃奶的侄子等着自己养活，其他啥也没留。

《旧唐书》说他"倜傥豁达，任性真率，宽仁容众，无贵贱咸得其欢心"，就是说他宽厚待人，脾气好，无论贵贱，他都不得罪，大家都爱他。可见李渊的好脾气也是被生活逼出来的。

而武士彟从年轻时就和其他商人不一样，他"每读书，见扶主立忠之事，未尝不三复研寻，尝以慷慨扬名为志"，也就是一直想找一个明君来辅助，并以此作为自己的人生目标。

此时，被隋炀帝和洛阳官员折磨得体无完肤的武士彟越发觉得，这个"不谓贵贱"的唐国公李渊就是自己要找的明君。而李渊也很看重武士彟，把他带在身边，两人就此开始一段君臣良缘。

武士彟对李渊是马屁拍尽，早早就说唐公是天子，还把自己写的兵书给李渊看。可惜李渊读了他的兵书后，就从来没让他打仗，而是让他离开战场去管军备。隔着史料，我们都能感受到李渊当时的尴尬。

武士彟作为一名军官却不会打仗，真是要命了。这算是武士

第二章 袁天罡预言

蠖遇到的第二道绝壁。

不过武士蠖毫不气馁，不会打仗，但他会做生意，又擅长交际。在太原的时候，他不但和李渊关系好，而且与监视李渊的王威和高君雅关系也非常好。他们关系好到什么程度呢？王威和高君雅开始对李渊产生怀疑后，还把这件事告诉武士蠖。

武士蠖在安抚他们之后，扭头就把这件事告诉李渊，让李渊得以做足准备，抢先下手杀掉了王威和高君雅。

王威和高君雅的人头，成了武士蠖的首功。

成为太原首功功臣的武士蠖并没有懈怠，而是越发勤奋工作，在李渊即位的武德年间，混得是风生水起。

可是眼看他就要一脚跨过龙门时，玄武门之变发生了。这算是武士蠖遇到的第三道绝壁，也是最困难的一个。

武士蠖一夜之间由红转黑，从一级战略要地扬州调到了二级的豫州。而且他刚到豫州不久，李世民就觉得他还是离自己太近了，又要把他调到更远的地方。

贞观元年，利州都督李孝常"互说符命"，意图造反，被李世民当机立断给"咔嚓"了。但利州（今天的四川省广元市）作为李孝常的大本营，还有大量的残余势力需要清理。李世民看了一圈，觉得碍眼的武士蠖最适合去此处，于是就把武士蠖给扔到了利州当都督。

武士蠖估计连豫州的新家都还没收拾好，只能再次搬家，带着全家老小来到利州这个龙潭虎穴。

权力的困境：武则天和她的时代

历史上说武士彟在利州"招辑亡叛，抚循老弱，赈其匮乏，开其降首"。"亡叛"就是逃亡的叛军，这就是逼急的兔子、墙角的狗。武士彟非但不是李君羡那样的猛将，而且在打仗方面糟糕得一塌糊涂，要不然当年李渊也不会一看他写的兵书就直接让他远离战场。这样的一个文弱书生来到当时到处是亡叛的利州，一个不小心，随时可能成了大唐烈士。而如果处理不够狠，在这么敏感的时期，他又容易变成大唐叛臣，一样是死。身处这种绝境，一般人估计是想死的心都有了。

可武士彟不是一般人，他充分发挥自己"明干"的才能，很快就让利州恢复了安宁。

可即便他做出了那么好的成绩，李世民依旧没有任何的反应。武士彟只能等一个时机，好扭转李世民对自己的印象。

这个时机终于被武士彟等到了，那就是贞观五年，袁天罡给武则天面相。

这件事情的具体经过，先按照武则天给自己宣传的版本讲吧：

话说当时已经很出名的面相师袁天罡来到了利州，于是武士彟赶紧把他请来面相。

很多小说里杜撰情节，说武士彟是因为武则天的妈连生两个女儿，所以请袁天罡算算自己能不能生儿子，比如说日本小说家原百代在其传记小说《武则天》里就是采取的这种说法，《新唐书·方技传·袁天纲》是这么记载的：

第二章 袁天罡预言

> 武后之幼,天纲见其母曰:"夫人法生贵子。"乃见二子元庆、元爽,曰:"官三品,保家主也。"见韩国夫人,曰:"此女贵而不利夫。"后最幼,姆抱以见,绐以男,天纲视其步与目,惊曰:"龙瞳凤颈,极贵验也;若为女,当作天子。"

就是说,袁天罡先看到武则天的母亲杨氏,说她喜得贵子;再看到武士彟的两个儿子,说这两个最多能到三品官,保家而已;接着看到武则天的姐姐,说她是个克夫命;最后看到了武则天,当时她穿着男装,袁天罡眼睛一亮,立刻让武则天走两步。武则天刚走完,袁天罡就说:"这要是个女孩,一定是天子。"

这种说法听上去就很玄幻,而且只要参考真实历史上当时的社会风气,就会发现它简直牛头不对马嘴。

首先,袁天罡算出武则天会做天子,这在唐朝算是"互说符命",属于"诸造妖书及妖言者",是死罪,要籍没其家、抄家为奴,后果很严重。隋朝的时候,有道士看到小李世民后对李渊说,你们两父子要做皇帝。李渊的反应是追了道士几里路,要把他杀了灭口,后来硬是没追上。李渊怕什么,不就是怕此事透露出去,落得全家一起死的下场吗?

对于这点,武士彟肯定是深有体会,因为前任利州都督就是这么死的。

而当时的武士彟被李世民使劲穿小鞋,啥错没犯,勤勤恳恳，都给扔到利州灭乱党了。都这种待遇了，这个节骨眼上，他还和袁天罡讨论天子命，要是给李世民知道了的话，武则天有没有天子命不好说，反正李世民一直挂念的武士彟全家的性命是肯定要没了。

那么袁天罡呢？唐律煌煌，他干的就是在唐律底线来回试探的营生，此时此刻，他真的敢这么明目张胆地扮演剧透狂魔吗？武士彟早先是一个商贾，刚刚才升上士族，就算家族真出了皇帝，十足十也坐不稳啊。一个坐不稳的皇帝命，你就敢张嘴剧透，怕是想提前剧终吧？

其次，其实武士彟也并不指望杨氏生儿子，因为她能生孩子自己都已经很高兴了。杨氏嫁给武士彟的时候已经是四十四岁，按照当时的妇女平均生育年纪，本来基本上已经告别生育。杨氏结婚后能连续生下三个女儿，已经是超出预期了。再说武士彟本来就有两个儿子，也没有必要再逼着杨氏超高龄产子。

武士彟终究是一个商人、一个政客，他不会冒着那么多实实在在的危险，就为了提前知道一点模模糊糊的未来命运。

那么武士彟当时究竟有没有见过袁天罡？很可能的确是见过的，但不是为了算命。

有一本唐人所作的《谭宾录》，同样记载了袁天罡看到武则天惊为天子的传说，但这本书里多了一个细节：

> 武士彟之为利州都督也。敕召袁天纲诣京师，途经利州。

第二章 袁天罡预言

就是说，袁天罡被皇帝召见，路过利州，所以身为利州都督的武士彟就来找他算命。

从武德年间起，袁天罡一直在邛州火井县（今四川省邛崃市火井镇）当县令。他大概是贞观六年被李世民于岐州九成宫召见，从此成为其中智囊，一直到贞观八年才再次回到火井县。

而李世民之所以会在贞观六年召见袁天罡，是因为贞观五年正月，朝集使，也就是各州郡每年派遣进京报告州政及财经情况的官吏，和河间郡王李孝恭一起奏请李世民封禅。

封禅指中国古代帝王在太平盛世或天降祥瑞之时进行的祭祀天地的大型典礼，一般由帝王亲自到泰山上举行。简单而言，天子觉得自己成绩不错，就特地到泰山给上天交一份出色的成绩单，是一种自我表扬和肯定。

李世民当时是回绝的。但他在次年又把袁天罡这样的相面术士召进宫中，可见对于封禅，李世民不是不心动。

根据《资治通鉴》，贞观六年正月李世民正在九成宫，也就是李世民见到袁天罡的时间是贞观六年正月。有趣的是，贞观五年十二月的利州朝集使是由利州都督武士彟本人亲自担任。这是武士彟离开长安后第一次也是唯一一次回来，唯一的目的就是奏请李世民封禅。

武士彟见袁天罡的时间是后者被唐太宗召见路过利州时，武士彟见李世民的时间是贞观五年十二月，李世民见袁天罡的时间是贞观六年正月，而利州就在陕川边界。结合这些事件的时间线，我有一个大胆的推测：

贞观五年正月朝集使奏请李世民封禅被拒，利州朝集使回到利州，必定会把此事告知武士彟，武士彟知道自己投新老板所好的机会来了。可心思缜密的他并不确定李世民是真的不想封禅，还是虽然心动但因为各种原因没能成行。

这时，被皇帝召唤的袁天罡路过利州。武士彟见袁天罡被召见，再结合年初朝集使奏请李世民封禅的事，他明白，皇帝嘴硬但心动了。

武士彟立刻找来袁天罡，与他面谈了一番。有了主意后，武士彟亲自做朝集使，赶在袁天罡进宫之前先到了长安，再次奏请李世民封禅。

李世民还是拒绝封禅，但是改任武士彟为荆州都督。

之前说过，唐朝有四大都督区：扬州、益州、并州和荆州，武士彟靠着数年勤勤恳恳的工作和这及时的马屁，终于再次回到了一级战略位置。

于是贞观六年，大家看武士彟一个马屁让自己咸鱼翻身，各个人精的官员立刻有样学样，纷纷奏请李世民封禅。李世民差点就答应了，最后被魏徵以劳民伤财为由给劝住了。

不管怎么样，武士彟确实把握住了最好的机会，攀爬过自己人生的第三道绝壁，再创自己事业的高峰。

结合整件事的前因后果，你就会发现，所谓的袁天罡给武则天算命，其实更可能是武士彟利用自己的职位之便，提前从袁天

第二章 袁天罡预言

罡那里知道了李世民的心思，对症下药，最后咸鱼翻身。

这样的事，武士彟已经不是第一次做了，李渊起兵时他就做过一次，但这一次必定是他的得意之作，当时已有九岁的武则天必定对此印象颇深。除了在要当皇帝时，为了让自己的位置合法而把这些童年往事添油加醋了一番外，她从政之后的行事作风，几乎都可以从武士彟身上找到对应点。

父母是孩子的第一任老师，在武则天这里算是贯彻得非常到位。

这里再说说关于武则天的另一则更加魔幻的预言，这个预言甚至被各大武则天的影视作品所采用，那就是李淳风劝诫。

《旧唐书》中李淳风的传记，详细地描述了这一番预言。

话说，唐初发生了太白昼，加上李世民又听说民间有一个预言，说李唐三世之后，会被一个姓武的女人给顶了，于是焦虑的李世民就召来李淳风问话。

李淳风回答了一大通，基本内容就是：兆已成，天命不可违。最重要的是，他算出这个女人已经在陛下的皇宫，不出三十年，就能杀尽李家皇室。

说句题外话，不看史书不知道李淳风那么会传销，事实根本也没他说的那么夸张，武则天自己生的李显和李旦不活得好好的吗？他们生的几个孙子，孙子又生了几十个曾孙，不也活得好好的吗？难道他们被李淳风开除李家皇室户口了？

话说回来，李世民当时听了李淳风的预言，就准备把宫中这个姓武的女人杀了。李淳风赶紧拦住，说这人不能杀，因为劫是注定的，这人已经在皇上的后宫了，过了三十年她都老了，危害有限；可如果现在就把她杀了，她投胎转世，三十年后就是青壮年，结果可能就不光是杀尽李家皇室，说不定连祖坟都得刨了。

估计李世民当时很想吐槽：李家祖坟在反隋那会儿已经被阴世师刨过了，还能再刨一次？

但无论如何，李世民没有追究下去，武则天逃过一劫。

我们今天来看，会觉得李淳风就是一个大忽悠。你怎么就能保证这个人再投胎就还是女的，老天爷就这么死心眼吗？

事实上，"太白昼，女主昌"并不是隋唐才有的，汉代就有这种说法。

《史记·天官书》中就有了明确的解释规则：

> （太白）昼见而经天，是谓争明，强国弱，小国强，女主昌。

也就是说太白星在白天出现，就是星星和太阳争光的事，预示着强国会变弱，小国会变强，后宫的女性会变得强势。

这话术现代人是不是听起来特别耳熟？你把"太白昼"换成"水逆"就能听懂了。其实所谓的"太白昼"就是一个星象，所谓的"女主昌"，即是解释这个星象的预兆之一。随着时间的流逝，对这个现象的解释也越来越多，太白昼就是古代的"水

第二章　袁天罡预言

逆"，人们有不顺的事都可以往它身上推。

大乱十年，太白昼。

为兵丧，太白昼。

有亡国者，太白昼。

百姓流离，太白昼。

为强臣争，太白昼。

就像今天很多信星座的人因为诸事不顺就会联想到水逆，同理，在历史长河中，也是因为发生了武则天做女皇帝这件事，才导致了史官联想到了太白昼。

其实，李世民是一个不信邪的人，《资治通鉴》就记载过一件事。贞观三年，李世民检查关押的囚犯时，见到一个很特别的人，名叫刘恭：

> 有刘恭者，颈有"胜"文，自云"当胜天下"，坐是系狱。上曰："若天将兴之，非朕所能除；若无天命，'胜'文何为！"乃释之。

就是说刘恭这个人很特别，他的脖子上有"胜"字的纹路，他说自己就要得胜于天下，这话等同于谋反，所以他就被关了起来。李世民听了微微一笑："如果老天爷要让你赢，我除得掉吗？如果你没天命，有个'胜'字纹路又有什么用？"就把这个人给放了。

就像我们之前分析的那样，李世民用妖言罪来诛杀将领，不是因为害怕谣言，而是出于政治考虑。他自己本人对这种所谓的预言征兆是不屑一顾的。

所以李淳风和李世民这段对话到底存不存在呢？

首先，和影视剧中不一样的是，李淳风在历史上的真实形象与其说是道士，不如说更像一个科学家，他一生几乎都致力于天文和数学等科学的研究。

唐初行用的历法是《戊寅元历》，这是历史上第一部颁行全国的采用定朔的历法。但是这个历法的算法，总是出现问题，当时在太史局工作的李淳风一直在研究怎么改进算法，常常就此事上奏李世民。

历法对于古代农业国家向来有指导农业生产和政治解释的双重战略意义，李世民一直是非常重视的，所以李世民和李淳风讨论天相的对话肯定是有的。

但两人的对话就像武士彟和袁天罡见面时那样，应该更多还是具体工作方面，至于预言一说，恐怕是武则天登基后出于自我宣传的杜撰。

总而言之，身在利州的武士彟充分利用自己仅有的条件，在一个最好的时机，终于在李世民心目中由黑转红，成为唐朝四大都督之一，再次回到了政治中心。

于是武士彟做得越发卖力，在荆州打击豪强，"宽力役之事，急农桑之业"，促进荆州生产发展，"奸吏豪右，畏威怀惠"。事实证明武士彟是一个搞生产的好手,连李世民都亲自写文称赞他"善政"。

可见真正的明君并不需要完全杜绝马屁,完全可以一边享受马屁,一边知人善用,而且完全不会被马屁所干扰。其中一个证明就是,虽然李世民让武士彟回到了政治中心,也让他成为了荆州都督,还写手敕表扬他,可从来没有过让他回到长安的打算,也绝不会放心他和李渊相见。李世民用人的巧妙和冷酷也被后来的李治完美地继承下来。

可在当时的武士彟看来,这也不过是人生第四道绝壁,只要给他时间,他一定能找到机会回到长安,再次见到他一心扶持的主公——李渊。

但天有不测风云,贞观九年,李渊去世,远在荆州的武士彟听说后,明白此生都不会再有机会实现自己的政治理想,就再也爬不起来了。

还记得少年武士彟的梦想吗?"见扶主立忠之事,未尝不三复研寻。"

李渊离去,支撑武士彟努力的支柱也一下崩塌了。从此,他一病不起,不久就跟着李渊一起离开人世。

这最后的一道绝壁,武士彟放弃了。

此时的武则天已经十二岁了,也许在玄武门之变时,她还不懂事。但在这九年来,她亲眼看到一个善于算计、工于心计的政客父亲是怎么一次次忍辱负重,绝地求生的。

权力的困境：武则天和她的时代

就像我们在第一章所说，武士彟溜须拍马，善用手段，他做事的方式也许为人所诟病，但他无论身处何种处境都自强不息的毅力，对于武则天的影响无疑是非常深远的。武士彟的勤奋和隐忍也被武则天完美地继承了下来。

武士彟一生的梦想是"扶主立忠"，他把自己的人生和明主绑定在一起，最后因为明主的离世，人类斗士武士彟也一病不起，最后追随明主而去。

武士彟这种忠心感动了大臣，也感动了李世民，惜才的李世民在武士彟死后还安排了大将军李世勣来帮他办丧事，费用全部公费报销，还把武士彟的遗体送回了并州老家。

不知道李世勣有没有见到当时的武则天。如果他能预知未来，知道自己十多年后的一句话让这个小女孩登上了皇后的位置，他会不会多看这个小女孩一眼？当然，这都是后话了。

作为女儿的武则天恐怕很难对父亲感到佩服，尤其是武士彟死得非常急促，使得武则天和母亲、姐妹遭受到极为不公的待遇。

武士彟病死时是五十九岁，杨氏已经五十六岁，武则天的两个同父异母的哥哥武元爽和武元庆已经成年了。此时，按照道理来说，两个哥哥应该好好照顾年迈的后母和三个妹妹，但他们却选择一脚将其踢出门。

按照唐律，未出嫁的女子可以获得兄弟彩礼一半的财产。可是武则天三姐妹和母亲被赶出离开武家后，就来到了母亲的娘家

第二章 袁天罡预言

弘农杨氏，寄人篱下地讨生活，可见她们很有可能没有分到应有的财产。

武则天三姐妹过得怎么样呢？应该都不怎么好。武则天的大姐武顺嫁给了越王府法曹贺兰越石。法曹也就是提刑官，在王府里任职，应该是正五品。而武顺作为应国公、正二品大员的女儿，竟然许配给一个五品官，而且目前没有证据证明贺兰越石出身高贵，所以武顺这次婚姻绝对是下嫁。

这桩亲事是怎么谈成的呢？很简单，贺兰越石侍奉的越王是李世民的嫡子兼爱子李泰，此时正是李泰得宠的时候。

作为母亲，杨氏肯定是不愿女儿下嫁的，但寄居娘家的她自己无法安排女儿的婚姻。就像同样跟着母亲寄养在娘家的长孙皇后，她的婚事就是舅舅高士廉做主的。杨氏没有兄弟，武顺的婚姻自然是交到了弘农杨氏家族手上，而他们则拿武顺的婚姻做了一笔不大不小的政治投资，将她嫁给了当红越王手下的官员。

不幸的是，贺兰越石很快就去世了，只留下了一个寡妇和一儿一女。

幸运的是，因为贺兰越石死得早，所以后来李泰争夺太子失败，武顺没有被牵连。

武则天的妹妹嫁给了郭孝慎，现在我们已经无法得知郭孝慎的具体官职，应该也不是一个贵族，但他可能也和一些当红人物有比较密切的关系。

而武则天比姐姐妹妹都惨，她是被绑上绸带，作为礼物献给

权力的困境：武则天和她的时代

了唐太宗李世民。

因为杨氏的侄女，武则天的表姐——前齐王妃，也就是巢王妃杨氏，当时正处于一种尴尬的境地。

很多影视剧里都有李世民在长孙皇后去世后打算立杨氏为后的情节。在这些剧里，这个杨氏往往被说成前朝公主，李世民和她的故事也就成了唐朝版的《罗密欧与朱丽叶》。

可是剧情是饱满的，现实是骨感的。史书中几乎没有任何前朝公主杨氏得宠的记录，她的两个儿子李恪和李愔也并不受宠。

李恪和李愔两兄弟多次被御史弹劾而遭遇贬官。贞观二年，李恪和李泰同时受封，李泰得封地22州，李恪则仅得8州，还不到李泰的一半。李世民还写信对李恪说父子情不如江山重要，劝他前往封地。信里说得大义凛然，我们要不是知道李泰就一直没有去封地，差点都信了。

李世民在对待不同儿子时，完全是双重标准。很多人因为李世民说过李恪很像自己、想传位给他的话，就认为李恪是太子候选人之一，其实李恪离太子之位相差十万八千里。

汉朝刘邦说要立赵王刘如意为太子，还只停留在口头上，就安排了结巴名臣周昌做赵国丞相辅助刘如意。反观李世民，说是想传位给李恪，却连半个贤臣都没有给他。

事实上，李世民当时只是在极度痛苦和绝望的时候随口说了一句，并不是真的要让李恪当太子。他当时纠结的是要立李泰还是立李治。立李治，就要贬走李泰，而且李治的年纪又太小；可

第二章 袁天罡预言

要是立李泰，李治和李承乾都不能存活。所以，李世民纠结太子位，是在考虑如何最大程度地保护自己和长孙皇后生的嫡子，那他又怎么会让一个庶子登上皇位？

其实，真正受宠的杨氏是指巢王妃杨氏，她是杨恭仁、杨世道兄弟的从侄女。杨恭仁他们是早早追随李渊打天下的功臣之一，可以说巢王妃杨氏的出身是根正苗红。

此时，巢王妃刚刚得宠，还生下了皇子李明，可她并没有进入李世民的后宫。是的，她不属于李世民的后宫体系，所以大家可以想见，她迫切地希望能够名正言顺地待在李世民的身边。于是，一方面为了讨好李世民，另一方面也为了自己将来进入后宫时有一个开路先锋，她从娘家挑出了一名美貌的女子献给皇上。

这个女子就是武则天。

《新唐书》说，武则天入宫的时候，她的母亲杨氏大哭，因为知道女儿此去，未来怕是磨难多多，所以伤心难过，也觉得对不起女儿。

此时十四岁的武则天，已经经历了父亲离世、被兄长逐出家门、姐妹被母亲的娘家像牲口一样出卖。她还来不及消化父亲离世的伤痛，就已经遭受了更加令人伤心欲绝的磨难。

武则天很清楚，此时的自己根本没有能力也没有办法反抗。

在出发前，武则天对母亲说："见天子庸知非福，何儿女悲乎？"意思就是，去见天子，怎么知道就不是福气，又何必悲伤？

这句话被当作是武则天的豪言壮语。其实，在当时的情景下，武则天也是知道自己面临的可能就是被人摆弄一生的命运。这番话说是豪言壮语,其实不过是说来安慰年迈的母亲。

只是这位十四岁少女不知道的是,当她进入李世民的后宫后,所面对的情形比自己原先想象的还要糟糕。她坐冷板凳坐了十余年。

第三章 "透明"的武才人

关于武则天当才人时到底过得怎么样,历史记录非常少。总体而言,大家都公认武则天入宫后,基本上就成了个"透明人",非常没有存在感,离当初杨家送她进宫的目的差了十万八千里,以至于被完全抛弃。后来她被送去做尼姑时,包括送她进宫的表姐巢王妃杨氏在内,没有任何人为她站出来说过一句话。

这不由让人有一个疑问:为什么在唐高宗李治后宫独得恩宠的武则天,在唐太宗李世民的后宫就完全是一个透明人?

有人根据李世民性格强悍而李治性格文弱,推测是因为李世民喜欢贤惠的女人,而李治喜欢强悍的女人,所以武则天得李治喜欢,却不得李世民的喜欢。

权力的困境：武则天和她的时代

这种"唐太宗不爱母老虎"的说法，依据是武则天自己提起的驯服狮子骢的往事。

武则天之所以会提起这件事，还是由于一场"菜鸟互啄"的朝廷辩论。

《资治通鉴·卷第二百六·则天顺圣皇后中之下》记载：

> 顼与武懿宗争赵州之功于太后前。顼魁岸辩口，懿宗短小伛偻，顼视懿宗，声气凌厉。太后由是不悦，曰："顼在朕前，犹卑我诸武，况异时讵可倚邪！"他日，顼奏事，方援古引今，太后怒曰："卿所言，朕饫闻之，无多言！太宗有马名师子骢，肥逸无能调驭者。朕为宫女侍侧，言于太宗曰：'妾能制之，然须三物，一铁鞭，二铁楇，三匕首。铁鞭击之不服，则以楇楇其首，又不服，则以匕首断其喉。'太宗壮朕之志。今日卿岂足污朕匕首邪！"顼惶惧流汗，拜伏求生，乃止。

话说那年突厥又来侵犯大唐赵州，于是武则天就让自己的从侄武懿宗去解决这个问题，结果突厥没伤一毫，大唐百姓倒给这家伙杀得要造反了。面对这样的猪队友，武则天能有什么办法，总不能杀了他，让全天下看武周的笑话吧？惨遭打脸的武则天又让狄仁杰去，才算是把赵州的事给解决了。

武则天本想着这件事赶紧过去就算了，但大臣吉顼不答应，

第三章 "透明"的武才人

非要在武则天面前把赵州的功劳辩个明白。

武则天很无语,因为武懿宗是闯了祸,吉顼没闯祸,可他也没做成事。战事一爆发,武则天就让吉顼去当地招兵,结果这家伙一个兵都没招到,差点给武则天气得背过气去。真正创下赵州之功的狄仁杰一句话没说,闯了祸的武懿宗和不成事的吉顼在朝廷上争得面红耳赤的,让武则天很无语。

而且这个架吵得很难看,尤其是让武懿宗很难看。武懿宗人送外号"骑猪将军",就是说他太矮了,连马都骑不上,只能骑猪。而吉顼则长得人高马大,又是进士出身,气质好,口齿伶俐。武懿宗气质猥琐,脑子转不过来,在朝廷上遭到了全方位的降维打击。

武则天很憋屈,打狗还看主人呢,吉顼这么骂自己的侄子,让自己也有点下不来台。而且吉顼是坚定的李唐维护者,不由让武则天多了几分警惕。憋着一股气的武则天在吉顼又一次夸夸其谈的时候,就把自己做才人时如何训狮子骢的事讲出来。

这个故事的重点是武则天的最后一句话:"今日卿岂足污朕匕首邪?"今天你也配污了我的匕首?赤裸裸的威胁,吓得吉顼立刻跪地求饶。

可是后人对这件事的前因不在意,后果也忘记,就记着武则天如何彪悍训狮子骢,然后添油加醋,演变成了武则天训狮子骢的强悍吓到了喜欢温良贤德的唐太宗,从此不得宠。

其实,只要稍微了解一下李唐皇室最初的那群女人,就会发现武则天那点强悍根本不值一提。

唐太宗李世民从小接触的女人，从奶奶到姑姑到母亲到姐姐到表姐，就没有一个是恭卑谦礼让的温婉女性。如果李世民在见识过姐姐平阳公主亲自带着自己上战场砍人之后，还会去指责杀一匹马的武则天残忍吗？

况且，《资治通鉴》原文的结局明明写的是"太宗壮朕之志"。就是说在看到武则天训狮子骢的彪悍后，李世民给予的反应是鼓励武则天："小姑娘很有勇气，继续发扬啊！更勇更彪更强，为我大唐女人再创辉煌！"

这才是符合唐太宗李世民画风的反应。

可后人完全不管后面那句话，以讹传讹，自我代入，说李世民因此惊恐、勃然大怒，甚至有人说李世民因此怀疑武则天，要杀了她。

武则天驯马甚至杀马在唐朝真不是事。事实上，现在考古还发现了不少表现狩猎场景的唐朝女俑，其中有一个是带猞猁狩猎女俑。猞猁外貌似猫，属于一种中型猛兽。唐朝还养豹子狩猎。这些猛兽袭击猎物的场景可不比武则天用皮鞭和榔头驯马要温柔多少，只会更加血腥。可唐人并没有因此避讳女性，反而乐此不疲。

李世民不宠爱武则天并不是她性格的问题，因为他最爱的长孙皇后就不是一个温顺的女人。长孙皇后在历史上就是以劝谏闻名。李世民脾气暴躁，周围的宫人都很怕他，可长孙皇后从来没

第三章 "透明"的武才人

怕过,该顶嘴就顶嘴,想劝谏就劝谏,脾气犟起来,李世民也拿她没办法。李世民一路走来,从太原起义到入主长安,长孙皇后一路相随,也没见李世民因为她性格不温顺就冷落她。更何况武则天的性格其实也不泼辣。

再者,李世民也不是什么柳下惠。他当秦王那会儿,比起太子和齐王,他的女人最多,生的孩子也最多。

武则天不得宠的原因其实很简单,就是她进宫的时机不对而已。这就是我们常说的,时运不济!

武则天当年进宫,是李世民"闻其美",召她入宫。既然是"闻其美",那是听谁说的呢?很有可能是巢王妃杨氏。

武则天当年进宫很可能就是作为一份礼物被送给李世民(讽刺的是,多年后她再进宫,同样是作为一份礼物,被王皇后送给了李治)。当时是贞观十一年,公元637年。而长孙皇后去世时间是贞观十年,公元636年。《新唐书》记载,李世民曾经在长孙皇后去世后提出要立杨氏为后,"帝宠之",结果被魏徵给怼回去。魏徵的理由就是杨氏是李世民的弟媳妇,请皇帝不要给已经乱成麻的族谱添乱了。这个杨氏就是巢王妃,武则天第一次入宫正是她当宠的时候。

大家不要一想到后宫妃子,就以为是一群女人如狼似虎地厮打在一起。真实历史上,这种争宠方式真要在后宫玩,只会死得更快。

后宫是战场,要打配合。姐妹亲戚共侍一君,才能稳住后宫的根基，这招在历史上屡见不鲜。毕竟打虎亲兄弟，上阵父子兵，龙床也要姐妹姑侄一起躺才能压瓷实。汉武帝的母亲王氏就是跟着妹妹入宫，赵飞燕和赵合德也是一对姐妹。

杨氏虽然得宠，但一直没有后宫的名分，名分上还是李元吉的老婆，李世民的弟媳妇。在这样一个尴尬的境地，她献给皇上一个年轻貌美的女人，一方面是讨好李世民，一方面也是为自己在后宫安排先头部队。

被这样一个处于尴尬境地的表姐送进宫，武则天除非脑子出问题，不然应该不敢嚣张地在宫里横行霸道。

而历史证明，武则天绝对不是省油的灯。她的性格应该是像她父亲那样，越挫越勇，因为她接下来的倒霉程度只能用"水逆"来解释。

是，武则天长得是很美，她就是靠着美貌被招入宫。当时唐太宗就给她取了一个昵称"媚娘"。媚娘是当时的一首流行曲词，和现在的流行曲一样。

可是没过一阵子，可能是流行曲过气了，李世民的新鲜劲也过了，武则天就给扔到了一边。

很快，她的表姐也失宠了。杨氏失宠的时候，不但名分没捞到，连儿子都被直接取消继承权，她都如此，更何况武则天呢？

没办法，武则天继续做她的才人，端端茶，倒倒水。

在唐朝，妃嫔都是有"职掌"，也就是都是有工作的。唐朝的皇宫不养闲人，妃嫔们并不像电视剧里演的那样，天天捉个迷

第三章 "透明"的武才人

藏，放个风筝，勾着皇上到龙床。当然，大家也不要一听到"职掌"，就以为这些妃嫔有多大权力。《西游记》里沙僧原来的职务是卷帘大将，他"职掌"的就是卷帘。同理，职掌的意思是妃嫔们是有后宫职务，侍寝只是工作的一部分。

武则天身为才人，掌序宴寝，也就是她负责宴会上给皇上端茶倒酒，安排上菜次序，寝室里给皇上身心愉悦，安排铺床叠被。

多年后，李治说自己是在李世民生病的时候和武则天看对眼的，你就能理解了吧。他俩爱上彼此，完全是工作之便，搁今天来说，就是办公室（皇帝寝室）恋情。并不是电视剧里演的那样，李世民怀疑武则天会夺位，所以贬她做宫女伺候自己。在后宫，要是没个品级，连给皇上提鞋也不配，一个宫女哪有资格给皇上倒酒？这本来就是武则天的工作。

换个角度思考，如果李世民真的怀疑武则天要夺位，根本不用找借口，直接杀了她就可以。可李世民非但没有杀她，还天天留她在眼前给自己添堵，这不是没事找事吗？

长孙皇后过世后，李世民对女人的兴致明显下降不少，后宫生育率断崖式滑落。武则天不得宠，也是很正常的事。事实上，就连徐惠也不是李世民的晚年宠妃，最后她同样被发配到尼姑庵，只是她不愿意去，绝食而死。"贤妃"的谥号，还是李治给她追封的，李世民本人对她也没有什么特殊待遇。

当然也有人说，武则天虽然得到"太宗壮朕之志"的夸奖，却没有升职，还是武才人，于是得出李世民不喜欢武则天的结论。可是，历史明确记载受宠的巢王妃杨氏给李世民生了个儿子，不也到死都只是巢王妃吗？

事实上，长孙皇后去世后，除了徐惠，李世民大多数嫔妃都是原地踏步，少部分还因为儿子牵连被降。如果按照不升职就是不喜欢的说法，李世民不喜欢的人是不是有点多呢？

至于徐惠能升为充容的原因，历史也记载得清清楚楚，就是李世民欣赏她的才华。

《新唐书·列传第一·后妃上》记载：

> 手未尝废卷，而辞致赡蔚，文无淹思。帝益礼顾，擢孝德水部员外郎，惠再迁充容。

而徐惠升了充容以后，写了《谏太宗息兵罢役疏》，李世民很高兴，赏赐了她，但此后她就停止了升职，还是充容，难道是因为李世民又不喜欢她啦？还是说她已经升无可升？那也不对，充容虽然位列九嫔，但仅为九嫔中的倒数第二级，只比最末一位的充媛高一级。当时李世民的四妃都还没满员，不说四妃，给个昭容总可以吧？可李世民并没有这么做，他在等什么？难道等自己死了，儿子再追封徐惠一个"贤妃"？可见，李世民是否喜欢某个嫔妃，与她是否升职，并没有绝对的关系。

很多人把徐惠的《进太宗》和《谏太宗息兵罢役疏》当作她

第三章 "透明"的武才人

和李世民关系亲密的证据，其实并不是。要知道唐朝后宫不养闲人，妃嫔都是有工作的，徐惠的作品是她职掌分内的工作。

唐朝后宫职掌如下：

夫人（四妃）佐皇后"坐而论妇礼者也，其于内则无所不统"；

九嫔、婕妤掌教九御四德，赞寻后之礼仪；

美人掌率女官修祭祀宾客之事；

才人掌序宴寝。

徐惠从才人到婕妤，再到充容，只是充分体现了李世民的用人之道，而不是宠妻之道，这也说明武则天当年真的是个小人物。徐惠入宫后，掌序宴寝这样的工作对于她来说未免大材小用。所以李世民"礼之"，将徐惠升职。从此她的工作就是掌教九御四德，赞寻后之礼仪，类似后宫里的教导主任。而历史证明，她非常适合这样的位置。至于夫人这种对后宫有管辖权的位置，李世民则一直没有让徐惠靠近过。

所以，李世民并不是针对武则天一人，而是他当时对整个后宫都不太感兴趣了。

在长孙皇后去世后，李世民对于后宫的态度，和他对朝堂一般冷静。李世民对长孙皇后是真爱。他曾经说过，自己的孩子中，除了长孙皇后的，其他都是贱婢所生。

既然李世民当时对后宫不感兴趣了,他干什么去了呢?答案是,他去当奶爸了!

长孙皇后是李世民后宫中生育孩子最多的人,她死的时候留下了三个儿子和四个女儿。其中,李治当时才七岁,晋阳公主可能只有三四岁,史书记载她还不能理解母亲去世这件事,而新城公主更是一个小婴孩。

所以,李世民做了一个可以说是前无古人的决定。

《新唐书·晋阳公主李明达传》记载:

> 帝诸子,唯晋王及主最少,故亲畜之。

就是说李世民决定亲自抚养晋王李治和晋阳公主李明达。为什么没有抚养新城公主,可能因为是新城公主实在太小了,还需要奶妈照顾,李世民没办法把她带在身边。

作为帝王,亲自抚养皇子和公主,李世民这一举动是史无前例的。而且他的抚养可不是把孩子丢给保姆,自己撒手不管,而是真的在用心亲手照顾。

李治长大以后回顾过那段日子,《册府元龟·帝王部·诫励》记载:

> 太子曰:"念臣七岁偏孤,蒙陛下手加鞠养,自朝及夕,未尝违离。

第三章 "透明"的武才人

就是说李世民从早到晚都把李治带在身边,不让他离开自己。

对待儿子是如此,对女儿就更加怜惜。

晋阳公主,名李明达,幼字兕子,是历史上唯一记载被皇帝亲自抚养的公主。她一直跟在李世民身边长大,以至于她临摹李世民的飞白体到了如出一辙的地步,旁人都认不出来。李世民发脾气,只要是晋阳公主劝,他就能消气。

从晋王和晋阳公主的封号看,这都是大唐的龙兴之地,可见李世民对他们的珍爱程度,真是放在手心里疼爱。可以说,在长孙皇后去世后,李世民把后宫的精力全部放在了照顾儿女上。

晋阳公主、晋王李治和李世民三个人形影不离到了什么程度呢?李治年满十四岁,李世民还是不愿意放他出阁自立王府。对比一下十二岁就被扔去封地的李恪,李世民的偏心眼令人发指。

按律,李世民还是得让李治到朝堂上听政,参加工作。晋阳公主看见哥哥穿上官服,就拉着李治的袖子哭:"兄今与百僚同列,将不得在内耶?"意思就是,哥哥现在要和百官一样参加工作,就不能像现在一样天天在宫里了。此话一出,李世民抱着两个孩子哭成一团。

晋阳公主十二岁离开人世,李世民哭得食不下咽,人都瘦了一圈。大臣都快急疯了,赶紧劝他。李世民说了一句很心酸的话:"朕渠不知悲爱无益?而不能已,我亦不知其所以然。"意思是，我也知道悲伤无益，可我实在没办法控制住。

在晋阳公主去世后，李世民把李治看得更重了，形影不离。

李世民去征高句丽时还不断写信给李治，一口一个"稚奴"，一口一个"耶耶"（爸爸）好想你，而此时李治也快二十岁了。就算是更为开放的现代，也没有几个父亲会喊年过二十的儿子的乳名来直截了当表达自己的思念吧？

现在保存下来李世民写的一封信，说的是他听说李治生病，本来很心急，后来得知原来病的是太子妃，才放心了。

太子妃王氏表示很委屈：我的身体比起太子，对圣上来说一文不值。

总而言之，李世民把李治捧在手心疼爱，根本不愿意放手，谁劝他就哭。

《册府元龟·帝王部·慈爱》记载：

> 唐太宗贞观中，高宗为晋王。以文德皇后最小子，后终后累年，帝怜之，不令出合。至是立为太子。

三岁就被封为晋王的李治，九岁时有了自己的府邸，但晋王府形同虚设。李治和李世民一直住在一起，一直到李治十五岁当太子为止。

哪怕李治后来做太子了，李世民还是不愿意和爱子分开，在自己寝宫旁边给儿子安排了一处寝宫。

第三章 "透明"的武才人

《贞观政要》记载：

> 贞观十八年，高宗初立为皇太子，尚未尊贤重道，太宗又尝令太子居寝殿之侧，绝不往东宫。

大臣怎么看都觉得李世民这个做法不合适。按照古代的规矩，"男子十年出就外傅，出宿于外，学书计也"，男子十岁就要去在外面住，学习读书、处理事务。而李治当太子的时候都十五岁了，于是大臣们轮番上阵，劝谏李世民放太子自己住。

李世民虽然在历史上是以善于纳谏闻名，可在这件事上，他却永远一副"不听不听"的样子，大臣一点办法也没有。

由此看出，长孙皇后去世后，李世民的心思完全在抚养子女身上，对后宫没有兴趣，武则天出现得不是时候。

李世民当奶爸之后，虽然武则天见李世民的机会大大减少了，但见李治的机会却也大大增加了。

正是因为李治长期居住在李世民的内宫，和后宫接触比较多，又和武则天年龄相仿，加之武则天的颜值真的很高，两人才恋爱了。

第四章　武则天的豪赌

很多人因为武则天后来成了女皇，就认为她性格很强悍，其实无论是《旧唐书》还是《新唐书》，都从来没有说过她泼辣或者强悍。《旧唐书·则天纪》说她"素多智计，兼涉文史"，《新唐书·武后传》则说她"有权术，诡变不穷"，且"城宇深，痛柔屈不耻，以就大事"。

即便是喜欢抹黑武则天的欧阳修也不曾说过她彪悍。事实上，女皇早期人生经历大多都像欧阳修说的那样"痛柔屈不耻"，委曲求全，态度柔顺。

同样的，由于后来武则天称帝，很多人就认为李治性格羸弱。于是，我们的影视剧里的李治往往是妻管严，对大臣的威严也远不如李世民。

但历史上的李治脾气并不好。他的坏脾气不但影响他自己,甚至影响了太平公主的婚事。

李治出生于贞观二年,即628年,比武则天小四岁。他是李世民第九子,也是李世民和长孙皇后的小儿子,最小的嫡子。

长孙皇后共生育了三男四女。李治前面有两个同父同母的哥哥,分别是太子李承乾(生于619年)和魏王李泰(生于620年),还有一个同父同母姐姐长乐公主(621年)。

李治是李世民与长孙皇后时隔七年后再次生育的嫡子,恩宠非同寻常。他出生后,李世民大赦天下,大摆筵席,普天同庆。

李治后面还有三位嫡妹,分别是城阳公主、晋阳公主和新城公主。其中新城公主最小,在长孙皇后去世时还是一个婴儿。

对于这个小公主,李世民和李治都表现出无比的疼爱。李世民在临死前还在操心她的婚事,李治则是在妹妹对自己无礼的情况下依旧对她恩宠有加。

新城公主一共有两任丈夫:长孙诠和韦正矩。

新城公主和第一任丈夫感情非常好,墓志铭上说他们"调谐琴瑟,韵偃笙簧"。在长孙无忌被清算时,长孙诠遭到牵连,被流放到蛮荒之地,还被当地的官员给杀害了。新城公主非常伤心,墓志铭上说她"虽外尊大义,不登叛人之党。而内怀专一"。就是说,对外,她尊重李治的决定,不去主动和长孙家牵扯,可她内心还是思念着自己的丈夫。墓志铭上还说她从此再也不梳妆打扮,即便是见了皇帝也是如此。

新城公主就这么给李治难堪，李治不但不生气，还很内疚，给她安排了一门更好的婚事，把她嫁给出身"城南韦杜，去天尺五"的京兆韦氏的韦正矩，甚至为了让公主更有面子，还直接让韦正矩连升八级，由一个从五品上的奉冕大夫直接提拔成正三品的殿中监，给足了妹妹面子。

可是新城公主依旧不高兴，和韦正矩的感情也一直不和。而韦正矩也是硬脾气，"遇主不以礼"，就是对公主也不礼待。

到了龙朔三年，新城公主生病，李治很着急，为妹妹建寺庙祈福。结果当年三月，公主突然去世。李治暴怒，抓来驸马三司会审，驸马说不出个所以然，就被杀了，族人也被牵连，一起被流放。

后来李治发现自己冤枉了韦正矩，但人死不能复生，只能让他和公主合葬。最后，李治用皇后礼安葬了妹妹。

李治盛怒之下把人给杀了，还把人家全族流放，这件事在当时造成非常恶劣的影响，甚至影响到李治自己的小女儿太平公主的婚事。

太平公主要嫁给薛绍的时候，他的族人薛克构还在说这件事。他把新城公主和汉代平阳公主并列在一起，说娶公主是很惨的事，还说了一句："吾闻新城以病而卒，夫子受其戮辱。"

这话表面上说的是新城公主，实际上是在说李治脾气不好，乱杀人，没人愿意和他做亲家。

但你可知道，这样暴脾气的李治，在当太子的时候却因为过

第四章 武则天的豪赌

于宽厚而被李世民嫌弃。

《资治通鉴》记载李世民评价李治：

> 吾如治年时，颇不能御常度。治自幼宽厚，谚曰："生子如狼，犹恐如羊。"冀其稍壮，自不同耳。

李世民说："我在李治那个年纪，常常不能循规蹈矩。但李治自小就是宽厚，谚语说，儿子就应该像狼一样，最怕就像只羊。我希望他年纪大一点就会好些。"

也就是说在李世民的心中，李治就跟一只小羊羔一样，纯洁可爱还善良。但从后来的李治身上看，"小羊羔"这个描述和他不能说毫不相干，只能说风马牛不相及。

这也难怪，一向知人善用的李世民看待自己嫡子，从来都是带着八百度的宠溺滤镜，还觉得自己特别客观。

李世民有三个嫡子：太子李承乾，魏王李泰和当时的晋王李治。

太子李承乾有足疾，很可能是瘸了，形象不好，这对于从小就各方面都非常优秀的李承乾打击是非常大的。所以他开始自暴自弃，再加上又在自己后宫搞同性恋，为李世民所不喜。

于是，魏王李泰抓住了时机，准备上位。有一天，李泰到李世民面前表忠心，说自己死了就把儿子杀了，好让位给李治。

这种鬼话，是个人都不会相信吧？但李世民当时竟然信了。

不但信了，还特别炫耀给谏议大夫褚遂良听。褚遂良听完直接翻了一个大白眼回他："陛下，天底下怎么会有这样违反人伦的事嘛！"

李世民这才清醒过来，儿子这是在坑爹。

李泰后来因为争太子位被贬到了远方，在此期间上表奏折，李世民看后非常满意，又拿给大臣炫耀："青雀（李泰小名）生活那么苦，文章还写得那么好，真的太有才、太委屈了。"他已经完全忘记了正是李泰的野心逼得李承乾造反，才有了后面一系列的祸事，反而还在替他委屈。

这也从侧面可以表明，李世民这人是吃软不吃硬的。

一直在李世民身边长大的李治对父亲这点可以说是把握得十分到位。

李治比太子李承乾小九岁，比魏王李泰小八岁，可他遇到事情时却表现出了超乎寻常的稳重。

二十四岁的李承乾因为自己宠爱的乐人被杀，就几个月不上朝和李世民赌气。后来他受不了李泰的挑衅，就去暗杀，暗杀不成就索性造反。

比起冲动的李承乾，二十三岁的李泰也没有好哪去。因为群臣反对自己当太子，就跑去吓唬弟弟李治自杀。

李泰对李治说："你与李元昌关系密切，李元昌谋反未成已自尽，你能够一点不担心吗？"听到这种几乎明着示意自己去死的话，此时只有十五岁的李治却波澜不惊，只是表现出忧愁的样

第四章 武则天的豪赌

子给李世民看。

李治是一直和李世民住在一起的，李世民看见小儿子闷闷不乐，逼问了他好几次，李治才吞吞吐吐地说出李泰对自己的威胁。这一下算是击溃了李世民的心理防线，让他彻底放弃了李泰。

李承乾造反失败，必须要被废，李世民此时最关心的就是如何保全自己三个嫡子，而李泰输就输在这一点。

李治非常了解李世民，他极力为李泰作掩护，表现出兄弟友爱，可谓打中了李世民的七寸，最后让李治得以被立为太子。

李治这人有一个特点，就是他性格非常复杂，扮演不同角色时，就会表现出完全不同的性格特点。

李治在当晋王的时候，无论是从哪个角度来看，都是一个非常亲善文弱的孩子。长孙皇后去世后，李治和晋阳公主一起被李世民亲自抚养，等他要上朝的时候，妹妹拉扯他的衣角表示不舍，他还会和妹妹抱着一起哭泣，让李世民非常感动。从李泰对李治的吓唬也可以看得出来，在兄弟眼中，李治是一个性格比较弱的弟弟，要不然李泰也不会傻到去吓唬他。

可李治当太子后则表现出另外一面。

贞观十七年，李治刚当太子不久，苑西监穆裕因事忤旨。李世民非常生气，命于朝堂将其斩首。一向性格软弱的李治毫不犹豫地站出来犯颜直谏，终于让李世民冷静下来，赦免了穆裕。

这件事过后，连李治的舅舅兼太子推荐人司徒长孙无忌都感到非常吃惊，没想到自己这个小外甥还有这么一面。他还对李世民说："自古太子向皇帝谏言，都是趁皇帝心情好的时候。今天陛下正在气头上，太子竟然顶着怒火就谏言，真的从古未见。"

李世民此时也假谦虚了一下，说："人们长久相处，自然会受影响。自朕即位以来，虚心纳谏。皇太子自幼在朕膝前，每见朕心悦谏者，因而染以成性，所以才有今天的表现。"

但要注意的是，李治三岁为晋王，大概十岁左右就上朝堂听政了。可他以晋王身份上朝堂的这五年来，从来没有这样的表现。

这也反映了李治的另一个特点，就是他对自己的位置有高度清晰的认知。

李治与武则天的相识过程，李治自己是说过的。《立武昭仪为皇后诏》中有这么一段：

> 朕昔在储贰，特荷先慈，常得侍从，弗离朝夕。宫壸之内，恒自饬躬。嫔嫱之间，未尝迕目。圣情鉴悉，每垂赞叹。遂以武氏赐朕，事同政君。可立为皇后。

讲的还是蛮详细，还有点青春小说的感觉。

简单而言，就是李治在当太子的时候，有一段时间天天在李世民身边照顾他，于是就和武则天认识了。但是在宫墙之内，两人都守身如玉，连眼睛都没彼此对看过。李世民见了很是感慨，

第四章 武则天的豪赌

就把她赐给李治。

这段话，私以为并不完全是假的。

首先，李治承认了武则天是自己爸爸的小老婆，且两人是在他爸还活着的时候，就勾搭上了。

其次，关于李治和武则天是怎么认识的这段情节，李治也没必要说谎。因为大家都知道武则天之前是李世民的才人。武则天有这个身份，那么无论她是怎么和李治认识的，都不能成为他们在老爹眼皮底下偷情的理由。

从历史来看，确实有这么一段时间，李治不但住在李世民寝宫旁边，而且日夜都陪伴在他身边。那就是贞观二十年，李世民在征高句丽失败后生了病，李治一直在他身边照顾他。而武则天当时的工作内容正是照顾李世民的起居，这就让他们俩有了相识的机会。

但李治这段话也隐瞒了很多信息，或者说是欲盖弥彰了。

比如"宫壸之内，恒自饬躬。嫔嫱之间，未尝迕目"这段，完全就是拾根棒棒当香烧——骗鬼。你说你俩在宫里守身如玉，甚至双眼都没对上过，那你俩是怎么认识的？是神交，或者是用意念相识吗？

难怪当时没有一个人相信他这诏书。大家都不傻。

李治说自己是在李世民左右服侍时认识武则天的，而他服侍李世民左右的时间有两段，一段是前文所说的贞观二十年，另一段则是贞观二十三年，也就是李世民去世那一年。

权力的困境：武则天和她的时代

我个人倾向于李治可能两个时间段都和武则天产生了联系，但两人感情真正升温则是贞观二十三年。

无他，因为贞观二十三年时，武则天最有动力也最有优势。

武则天是敢于冒险，但她不是爱找死。贞观二十年，李世民只是病了。即便武则天当时可能已经知道太子对自己有好感，也不会冒着被李世民痊愈后追究的危险，投进太子的怀抱。

但贞观二十三年的情形就完全不一样。李世民当时已经病入膏肓，一月的时候病了，四月已经开始交代遗言。武则天作为服侍李世民宴寝的才人，对他的身体状况是非常清楚的。

武则天侍寝过但没有子嗣。按照唐朝规定，李世民死后，她是要去感业寺做尼姑的，武则天当然是不愿意的。而此时李世民的死亡已经是早晚的事，武则天完全有动力放手一搏。

至于为什么说武则天这时最有优势呢？

正如我们之前所说，武则天在李世民后宫并不出色，而且她当时已经二十五岁了。在今天看来，二十五岁正是花容月貌的年纪，但在古代，这可未必了。古代寿命短，人均结婚年龄早，像魏王妃阎婉生长子时只有十二岁。这么算下来，武则天要是早生养，当时都可以当外婆了。

贞观二十三年，容貌已经不是武则天最有力的武器。硬件不行，只有软件，而武则天的软件却是得天独厚，那就是她可以给予李治心灵的慰籍，这种慰籍只有武则天可以提供，其他人都不行。

第四章　武则天的豪赌

李治即将面临的是丧父之痛和随之而来对未来的恐惧，而这两点恰恰是武则天前半生最深且最疼的体验。

贞观二十三年，是李治最脆弱的一年。《资治通鉴》记载：

> 太子昼夜不离侧，或累日不食，发有变白者。

就是说，李治昼夜不离地照顾李世民，几天都不吃东西，头发都变白了。

这里并不夸张。李治在历史上或许不算一个真正的好人，但他肯定是一个真正的孝子。当年母亲离开，九岁的李治哭晕了过去。后来父亲病重，十七岁的李治可以用嘴帮父亲把脓吸出来，并且生怕父亲颠簸，扶着他的车走好几里的路。自从九岁时母亲离世，李世民就是李治唯一的至亲，李世民亲自抚养他长大，父子形影不离，感情非常深厚。中国历朝历代的皇家中，像李世民和李治这样的父子关系都非常少见。

至亲即将离世，李治身心都正处于极度脆弱的状态。

李治当时脆弱到什么地步呢？

当李世民离去的时候，这个二十二岁的成年人抱住长孙无忌的脖子，哭得痛不欲生，完全没有行动力，根本不像一个有七岁孩子的父亲。

面对这样的情形，有着相似经验的武则天，正是此时最能和李治共情的人。而在悲痛之中的李治也像抓住救命稻草一样，紧

权力的困境：武则天和她的时代

紧地抓住了武则天。

那么问题来了，为什么李治和武则天偷情，而周围宫人似乎都没有察觉？

首先，唐初的宫殿管理比较松散。

李渊当皇帝时，太子李建成、秦王李世民和齐王李元吉都成年很久了，还是可以像以前那样肆无忌惮地进出李渊的后宫。到了李世民当皇帝后，虽然管理严格了很多，但总体氛围还是非常轻松。当李世民宣布李治为太子时，殿外的宫人知道后直接欢呼出声。

其次，皇贵妃韦氏和周围宫人对李治的感情不同一般。

就像前文所说，李治是少见的由皇帝亲自抚养长大的皇子，尤其是李世民少年时还不是皇族，他照顾李治没有那么多忌讳。李世民和李治两人的关系是相对完整健全的父子关系，这种基调也奠定了李世民后宫对李治的看法。

李世民在长孙皇后去世后并没有再立皇后，管理后宫的韦贵妃和李治相处非常融洽。李治即位后，只要她来长安，李治夫妻都会邀请她参加聚会。祭拜昭陵的时候，韦贵妃也是坐长辈席位，李治甚至连封禅都想带她一起去，只是因为她去世没能成行。

无论是李世民后宫的管理者还是周围的宫人，都把李治当成自己家的孩子一样看待。即便是武则天当时和李治走得很近，有这样一个年长温柔的宫人能宽慰一下即将失去父亲的可怜的太子

第四章 武则天的豪赌

殿下,在他们看来指不定还是好事。

再次,燕德妃是武则天的亲戚。

长孙皇后去世后,韦贵妃是李世民后宫的主要管理者,而燕德妃就是宫里的二把手。而燕德妃的母亲与武后的母亲是堂姐妹,也就是说,燕德妃也是武则天的表姐。

不同于巢王妃杨氏,燕德妃和武则天的关系要亲密很多。武则天当皇后,连带燕德妃的儿子越王李贞所受的恩礼都在诸王之上。李治封禅时,当时身为太妃的燕太妃次于武则天而主持终献,与武则天一起,以女性的身份参与了国家最高级别的祭祀大典,可谓荣宠之极。

她死后,武则天更是非常伤心,用了超高规格的葬礼埋葬,尤其是还特地亲手写了铭文绣佛像座下,表示哀思。这是武则天少有地对自己娘家人表现出温情。

可见武则天贞观年间在李世民后宫还能混得下去,燕德妃居功至伟。

总结就是,即便是当时有宫人发现了武则天可能和李治有不轨行为,但一来有后宫一把手韦贵妃对太子的宠溺,二来有后宫二把手燕德妃对武才人的包庇,尤其李世民又病重,宫人们不敢也不会闲言碎语。

但无论如何,身为才人,和太子偷情的才人,万一真被发现了,李世民绝对不舍得杀李治,而武则天就算有燕德妃做靠山也肯定小命难保。

但武则天不得不这么做。

唐初皇帝去世了，生育子女的妃子就要跟着儿子前往藩地，没有生育子女的妃嫔就会进入感业寺剃度出家。原本有燕德妃的庇护，武则天日子还能好过一些。一旦燕德妃离开皇宫，武则天自己一个人在感业寺那就等于进了活死人墓。可以说，和李治这一段情是武则天的豪赌。

很可惜，武则天豪赌失败了。

李治没有留下她，而是让她按照规矩前往了感业寺。

李治翻脸不认人的绝情也是贯穿他一生的性格特点，但武则天是少数最早认识到这一点的人。

此时，李治即便得到了武则天的安慰，也只不过把她当作一件玩物，就像他后来对她的姐姐和外甥女一样。毕竟当时的李治还是以宽厚闻名的太子殿下，还有更重要的事要做。

他要做皇帝。

第五章　李治的困局

李治当皇帝遇到第一个难题就是立太子。本来按照道理来说，这件事并不急，因为李治很年轻，当时才二十二岁，但立太子的理由也很充分，因为他还没有嫡子。

当时李治有四个儿子，都是和宫人或妃子所生：长子李忠，宫人刘氏所生；次子李孝，宫人郑氏所生；三子李上金，宫人杨氏所生；四子李素节，萧淑妃所生。

王皇后并没有生育。但是他们还年轻，未来完全可能有孩子。虽然李治真的不喜欢王皇后，但立太子这件事情，李治并不着急。

但长孙无忌很着急，因为他要利用太子提前做政治投资。于是王皇后的态度就很重要了。如果她和李治站在一起对抗长孙无忌，李治就可以阻止长孙无忌成为权臣的步伐。

但王皇后背叛了李治，这也为自己后来被废埋下了祸根。

很多影视剧都说李治之所以会选择立武则天为后是因为贪图美貌，其实并不是。王皇后长得也很美。根据史书记载，王皇后就是因为长得美才被李世民的亲姑姑，也就是李治的姑奶奶同安公主推举，从而当上晋王妃。

那是因为王皇后没生孩子吗？其实同样未必。作为皇后，不一定非得生孩子才能巩固地位。历史上很多皇后都没有生育，一样地位稳固。比如离我们时代很近的慈安太后，她作为皇后就是没有生育，可威武如慈禧还是忌惮其嫡母的身份，一直到慈安太后死后，慈禧才放开手脚干预政事。

东汉明德皇后，即汉明帝刘庄的皇后马皇后也没有生育子女，于是刘庄便过继了一个儿子在她名下，然后立他为太子，这便是汉章帝刘炟。

可见生育与否并不是评价皇后是否称职的唯一标准。

皇后作为皇帝后宫的主人，名义上，皇帝所有的孩子都是她的孩子，她是所有皇子的嫡母。

李治坚持要废王皇后有两个原因：

一、王皇后并不是一个称职的皇后。

王皇后能成为皇后是一个意外，因为她嫁给李治的时候，李治还只是晋王。作为长孙皇后第三个儿子，李治前头还有太子李承乾和魏王李泰，太子之位轮不到他。

第五章 李治的困局

王皇后本身的性格并不适合当皇后,因为她虽然婉淑,但其实很不清楚自己位置,也不了解自己的丈夫。

李治作为皇帝,哪怕自己身体再不好,也会追随父亲的脚步进行亲耕礼。而和皇帝的亲耕礼相对应的是皇后的亲蚕礼,在以农为本的封建国家,这两个典礼都是有着浓厚的政治意味。长孙皇后就极为重视亲蚕礼,贞观九年,她已经生病了,还是坚持主持亲蚕礼。

可是王皇后当了六年皇后,一次亲蚕礼也没主持过,都是李治派官员代替她主持。如果你是李治,你会有什么感受?反观武则天,她在当皇后期间就没有错过亲蚕礼,都是亲力亲为,埋头苦干。

所以,深知李治心思的武则天写文暗讽王皇后时,给她安的第一个罪名"惰慢"就是责备她作为皇后的懒政。

而且王皇后的懒政还闯过大祸。

高阳公主因为对李治不满,想要造反,便贿赂掖廷令,结果把李治的行踪摸得门清,可见当时李治的后宫是怎样的松懈状态。这一点恰恰说明王皇后的失职。泄露后宫消息和皇帝行踪对皇后来说是非常严重的过错。李世民玄武门之变能够成功,就和李渊后宫信息泄露有很大关系。

要知道,当年长孙皇后能够在李渊后宫玩得溜转,除了她真的很厉害之外,李渊没有皇后也是一个很大的原因。而且唐初李渊对待三个儿子还和以前一样,李建成、李世民和他们的媳妇都在后宫来去自如。

长孙皇后结合天时地利人和，才能得手成功。高阳公主远远没有长孙皇后聪明，而且经过长孙皇后的管理，李唐后宫也远比李渊在位时要严密。结果皇帝的行踪还是泄露了，这就是王皇后的失职。李治当皇帝的时候二十一岁，王皇后与他同龄，却还没有处理后宫事务的能力。

王皇后除了懒，还非常傲慢。

《资治通鉴》记载：

> 后不能曲事上左右，母魏国夫人柳氏及舅中书令柳奭入见六宫，又不为礼。

"后不能曲事上左右"，"曲事"就是曲意奉事。作为皇后就应该和皇帝配合工作，结果呢王皇后根本不愿意配合李治，没把他当一回事，对皇帝毫不客气，自己的亲人见了李治也不行礼。

很多人说这是因为王皇后出身太原王氏，瞧不起门第不如自己的李治。其实李治和王皇后本身就是亲戚，就算不是夫妻也是一家子，不会有门第歧视。王皇后如此傲慢的真正原因是，她的叔祖母是同安公主。

同安公主是李渊的亲妹妹，也就是李治的亲姑奶奶。她自己只有一个女儿，她丈夫就把一个儿子过在她名下。结果等这儿子

第五章 李治的困局

一死,她就把名义上的孙子赶出家门,占了人家财产。李渊和李世民也拿她没有办法,只能保持尴尬又不失礼貌的微笑。

而且同安公主的女儿还救过李渊的命。

当时,同安公主的女儿王氏还是隋炀帝的妃嫔。隋炀帝有一次召见李渊,李渊生病了,没能去。隋炀帝不知道是嘴贱还是许愿,来了一句:"他是不是快病死了?"王氏一听吓了一跳,察觉到隋炀帝对李渊的戒心,赶紧把这话转给李渊听。

李渊估计听完之后从病床上惊得跳了起来。秉着多年来对表弟隋炀帝的了解,他立刻开始贿赂隋炀帝身边的人,而且极力吃喝嫖赌、贪污受贿,假装自己是一个胸无大志的小人,才让隋炀帝放下对自己的戒心。

本身就是亲戚,又有这么一层救命之恩,所以李世民和李治对同安公主一家都很尊重。在这样的家族氛围长大,也让王皇后很难对李家产生什么对天子威严的畏惧。李治再好再厉害,在她眼里不过就是伯祖母家的侄孙子。自嫁给李治后,有亲情和恩情加持,王皇后在李家基本上是横着走的。面对这么个媳妇,李治心里估计也是不可能有多喜欢的。

从血统和身份地位来说,王皇后不仅出身太原王氏,而且还是正宗的关陇集团,母亲还来自南朝权贵家族河南柳氏。以她能带来的政治资源,她就是太子妃的最佳人选,所以李世民也夸她是"佳妇"。根据后来褚遂良的话,先帝托孤时也是把太子和太子妃一起交给自己的。

可是，估计李世民也知道李治不喜欢王皇后。如前文所说，他写给李治的信里就有"好在是太子妃病了而不是太子生病"的话。如果李治和王皇后两人感情很好，太子妃病了，李治会不着急吗，李世民还会那么说吗？可见在太子时期，李治对这个太子妃已经很不喜欢了。

二、王皇后的舅舅柳奭不仅站错队，他还忘恩负义。

和大众以为的不一样，扶持柳奭上台的并非长孙无忌，而是李治本人。

李世民知道先贬李勣下台，再让李治扶他上位，好制衡长孙无忌。没吃过猪肉也看过猪走路，何况李治还是李世民手把手教出来的，他心里也明白该怎么做。李治再不喜欢王皇后，也明白王皇后背后的政治势力可以为自己所用。

于是，永徽元年，李治刚即位就封柳奭做了中书侍郎，第二年就拜他为相。

可柳奭做宰相后的第一件事，不是帮李治去制衡长孙无忌，反而是和长孙无忌勾搭在一起，逼着李治立长子李忠为太子。

李治没当场发火，都算他有涵养。柳奭和长孙无忌他们这么做的目的是什么，通晓文史的李治清楚得很，不就是想立一个母家没权没势的皇子做太子甚至做皇帝，给他们当傀儡吗？

东汉的小皇帝们谁不是生母卑微，只能依靠嫡母外戚，外戚再通过小皇帝控制朝廷？比如才三岁就死了的汉冲帝，因为其母亲虞贵人没有势力，朝堂尊汉顺帝的梁皇后，外戚梁氏就乘机把

第五章 李治的困局

控朝廷。

所以李治坚决反对。

此时面对柳奭的背叛，李治也来不及生气了，只能赶紧拉出后宫里生育皇子的嫔妃中唯一一个出身士族的萧淑妃来抗衡，将萧淑妃的儿子李素节提为太子人选，说他身份更高贵，既然都是立庶子，更应该立他。

其实李忠、李素节这两人立谁都可以，李治这么做的目的就是不让以长孙无忌为代表的相权进一步侵害皇权。

可就在这时候，王皇后联合他舅舅背后捅了李治一刀——王皇后收了长子李忠为养子，这样李忠就成了嫡子。看到王皇后这么一波操作，萧淑妃为求保身，也退场了。李治之前做的努力，宣告白费。

王皇后作为李治的皇后，不但不帮着李治，反而和舅舅一起联合长孙无忌控制李治。摊上这么一位皇后，怕是哪个皇帝都很难喜欢上。

由于后来武则天当上了皇帝，很多人就认为李治羸弱、懦弱。在不少影视剧里，更是直接让王皇后、萧淑妃和武则天都对李治带有一定程度的鄙视，好像李治除了穿了身龙袍，其余的都是缺点，王皇后嫁给李治，心里有百般的委屈。

其实并非如此。在家世上，两人都是关陇集团，王皇后出身太原王氏，勉强高出李治一点点，可就个人素质而言，李治远远超过王皇后。王皇后就是白天打着灯笼，也未必能够找到比李治更优秀的丈夫。

要知道,李治从小跟在李世民身边长大,文韬武略,虽然不如李世民那样的天才,可也是各个拿得出手。无论按照哪朝标准,李治都是一名近乎完美的皇族,并不是像影视剧里演得那么斯文懦弱。

李治身体是不好,但这并不妨碍他最大的爱好就是骑马打猎,甚至可以几天几夜不停的程度。就算下雨,他也要继续玩,连周围的臣子都看不下去,劝他保重龙体。

同时,李治还很聪明。他年幼时就因为读书读得好而得到李世民的夸奖。他的文章也写得极好。在他当太子的时候,李世民曾把他的文章刻在石碑上。甚至,李治在当皇帝后,安排文学馆修新书,因为不满意手下大臣的文笔,还亲自动笔写序,给大臣当范文。

李治不仅文章写得好,思想也非常成熟。《旧唐书》说"大帝往在藩储,见称长者",就是说李治还是晋王的时候,就被人称为"长者",也就是说像老人一样有智慧。要知道李治当太子时年仅十六岁,他被称为长者时估计只有十四五岁。

李治还和李世民一样能写一手好字,在隶书、草书和楷书方面都颇有建树。《文墨池编》说:"高宗雅善真、草、隶、飞白。"

李治还继承了李渊的音乐天赋,他擅长吹笛子,可以自己作曲作词,还会编舞。甚至有传说称他早起听闻鸟叫,作了曲子演

第五章 李治的困局

奏，小鸟听了都会飞过来。

李治还很孝顺，而且对待兄弟姐妹也是极尽体贴。是他把李世民的私生子李明认了回来，李恪被杀的时候也是他哭着向长孙无忌求情。

这么说吧，经过李世民亲自抚养，李治成长为一个德智体美劳全面发展的完美皇族。王皇后能够嫁给李治，是得了一个宝。可惜她并没有珍惜，最终毁于自己的野心。

虽然传说李治好色，但作为皇帝，李治登基时二十二岁，仅有四个儿子和两个女儿，其中有一半都是和萧淑妃生的。而且他宠幸萧淑妃后就再也没有和其他女人生孩子。作为对比，且不说李世民在当秦王的时候已经和不同女人生了一堆的孩子，就是李治的叔叔李元吉，去世时二十三岁，仅比李治登基时大一岁，已经有五个儿子和五个女儿，数量上远超李治。

李治后来宠幸武则天后，也是除了武则天以外没有再和别的女人生孩子。可见李治对待感情的态度是看中谁就是谁，这在帝王中已经是相当另类了。

李治的性情是非常双面的，一方面，他感情细腻，对待兄弟姐妹都非常温情。另一方面，他又非常冷酷，一旦决绝，就会变得相当残忍。

比如对待李素节。李治在宠爱萧淑妃的时候，也十分怜爱李素节，把九州之一雍州封给他，让他做雍州牧，封他为雍王。可是一旦萧淑妃争太子失败，李治毫不留情地将雍州拿了回来，让李素节去做岐州刺史，改封他为郇王，无论是封地还是级别降了好几个档次。

萧淑妃去世后，李素节被贬到了外地，长大后他想要回京看看自己的父亲。李治直接发了一道旨意：你身体不好，别来了。事实上，李素节身体根本没有问题。李素节气得上表了《忠孝论》，结果就是被贬到更远的地方。

很多人说这是武则天进谗言，其实并不是，让李素节别进京的是李治本人。史书上也一再说把李素节贬到外地的是"上"，也就是皇上李治的旨意。

有一个点很让人在意，就是当年萧淑妃到底做了什么，让李治对她冷落到如此，甚至后来还把她和王皇后一起绞杀。

其实李治当皇帝后的第一任雍州牧并不是李素节，而是长子李忠。永徽元年，李忠为雍州牧，但到了永徽二年二月，雍州牧换成了雍王李素节。

也正是在这段时间，柳奭和王皇后集体背叛李治，联合长孙无忌一起对他施压，要他立李忠为太子。而作为反抗，李治不但没有听话，反而把李忠雍州牧的位置给了李素节，表明了自己要立李素节为太子的决心。

那么这个时候李素节的母亲萧淑妃在做什么？

比起李治的正面接招，她似乎什么也没做。

要知道，兰陵萧氏并没有那么弱。兰陵萧氏虽然不如太原王氏，但也是积淀深厚的士族，自南北朝到隋朝到唐朝，几乎代代

第五章 李治的困局

都会有人官至宰相,政治势力不容小觑。与萧淑妃出身同族的萧瑀还是李治当太子时的第一批辅臣,凌烟阁排名第九。萧氏一门还娶了李世民的长女襄城公主。

可是在这场储君争夺战里,萧氏集体失声,萧淑妃一门没有一个人站出来。反观后来武则天和王皇后争抢皇后位的时候,年近七十的杨氏站出来游说长孙无忌。杨氏一个被武家赶出来的寡妇,都能做到如此地步。萧淑妃的胆怯让永徽二年的李治体会到了什么是真正的孤立无援。

兰陵萧氏不愿意站出来的其中一个原因,可能是因为作为积淀深厚的士族,兰陵萧氏和太原王氏早就你中有我,我中有你。李治的长姐襄城公主是兰陵萧氏的媳妇,而她的大儿媳妇就是王皇后母亲的妹妹。

他很快明白,对这些数百年的士族大家来说,相比帮助自己这种不过建立数十年的新朝皇帝,他们更愿意维护士族整体的利益。

李治在李世民去世不过短短两年后,再次体会到了那种无助和脆弱。也许此时他会想起父亲去世前,那个给予自己温暖的人,那个敢于冒着天下之大不韪给予自己安慰的女人,那个与自己身边其他任何女人出身都不同的女人——武则天。

我们不知道李治具体是什么时候想起武则天的,但他想到武则天的那一刻,就是他决定彻底放弃萧淑妃之时。这对他来说并不是一件简单的事。

权力的困境：武则天和她的时代

不同于李世民安排给李治的王皇后，萧淑妃入晋王府时是良娣，完全是靠着宠爱一步步成为淑妃。唐朝按照"贵淑德贤"四字排列四妃，由于李治未封贵妃，萧淑妃实际是李治后宫的第二号人物，更别说又独占恩宠，可谓是风头无两。

但这样的萧淑妃终究是没能站在李治身边，而是默默服从了家族的安排。这种背叛对于李治是政治和情感两方面的双重打击。于是当萧淑妃和王皇后都被绞杀时，萧淑妃的两个兄弟也一起被贬到了岭南，整个兰陵萧氏在李治和武则天统治时期都再未靠近过宰相之位。

要知道，连王皇后的族兄王方翼后来都得到了李治的重用，甚至当武则天想要迫害他时，李治还出面保护了他。只有萧淑妃一族，自此之后在李治和武则天的时代消失。

事实上，武则天入宫很可能是萧淑妃让李治失望的结果而不是原因。

让我们看看萧淑妃的生育时间：长公主义阳公主出生年份不详，李素节出生于648年，高定公主出生于649年。可从这时起，直到武则天再进宫并于652年生皇子李弘的三年时间里，萧淑妃都没再生育。

仅仅说武则天夺了萧淑妃宠爱是不准确的，是李治经过永徽前两年的艰难局面，终于明白萧淑妃是靠不住的，对她和兰陵萧氏也彻底失望，于是才把武则天从感业寺里抱回来。

第五章　李治的困局

值得注意的是，李治在后来的执政生涯里再也没有尝试过像永徽初那样，利用一个士族去制衡另一个士族。从此，他把整个士族都视作自己的敌人，整个中国未来的官吏制度走向也就此改变。

第六章　李武联盟

李治要重新见武则天并不是一件非常困难的事，因为武则天其实离他并不远。

首先大家要知道，根据目前的考古发掘，已经可以确定感业寺是在皇宫内苑，并不是在宫外。

想想也是，感业寺里的尼姑毕竟都是侍奉过先帝的宫人，怎么可能到宫外任人参观？事实上，到了清朝，乾隆的母亲信佛，他也在皇宫内院为母亲建了一座寺庙。

也就是说，电视剧里皇上还要出宫才能来感业寺见武则天的情况是不存在的。感业寺就是一间皇宫寺庙，李治在李世民忌日当天来到感业寺里看望先帝的女眷，就在这时，他再次遇到了武则天，不久后武则天就怀孕了。

第六章 李武联盟

这事,其实不用李治求情,只要是在皇宫内院,所有的女眷都属于皇后的管辖范围。即便李治什么也不说,感业寺的尼姑有了身孕,身为皇后的王氏也是不可能视而不见的。

在争夺太子位的关键时刻,王皇后选择让武则天进入后宫,与其说是借以和萧淑妃争宠,不如说把武则天当作一份礼物,来讨好李治,缓和一下自己和皇帝的关系。

要知道,一旦李忠当了太子,王皇后就既是皇帝的正妻,又是太子的嫡母。在内,她既有太子又有皇后大权;在外,她有长孙无忌护航。李治在她面前都得让三分,还要啥爱情不爱情的。

所以比起获得李治的宠爱,王皇后更希望李治赶紧把太子的事定下来。李治这时见大势已去,也就同意了。第二年,李忠被立为太子。同年,李弘出生。

我们现在已经很难知道,被李治抛弃过的武则天此时再看到李治时是什么感觉。但我们根据清朝低微太妃的生活,也能想象二十七岁的武则天在感业寺过着什么样的日子。

清朝太妃们终生都生活在寿康宫之中,直到五十岁才能见到新皇帝。终其一生,除非特别恩宠,否则都不能见宫外的人。武则天所在的感业寺也是在皇家内院,她也不能见外人,只能终生面对青灯古佛,早早就如同死人。

无论未来李治能给予她什么样的生活,都比在感业寺当活死人强。

武则天的父亲武士彟是一个非常识时务且能忍耐的人。他青年时因得罪杨素而被打入牢狱,但他还是能忍下那口气,选择进入隋朝腐败的官僚体系,为自己找到出路。

当年太原首功功臣中的李渊派成员大多数都忧郁而终,而武士彟则选择忘记李世民带给自己的耻辱,用对李渊同样的殷勤态度对待李世民,最后一步一步,成为李渊派里少数能够重新回到政治中心的人。

武则天可能是武士彟众多子女里最像他的一个。她也和自己的父亲一样,明白自己的处境,哪怕是再委屈,只要能逃脱困境,也没有什么是不能割舍的。

武则天再次被作为礼物送给了皇上,只不过这一次送她进宫的是王皇后,接受礼物的皇上是李治。李治把武则天接进宫中,待她生下李弘不久,就封她为二品昭仪。李武两人的联盟算是正式结成。

李忠成为太子后,王皇后、柳奭和长孙无忌的联盟也算是成型。长孙无忌开始清算异己。

永徽三年十月,李泰去世。当年在贞观末年最让人操心的太子之争虽然结束,朝堂上却留下了两股势力,一股是李承乾,一股就是李泰。尤其是李泰后期又和李治争夺太子位,其势力残余问题更加严重。严重到什么程度呢?为了以防万一,长孙无忌都不让李泰参加李世民的葬礼。

而李泰去世后,在群龙无首的状态下,有人又开始蠢蠢欲动。

这个人就是房玄龄的二儿子,高阳公主的丈夫——房遗爱。

第六章　李武联盟

《旧唐书》是这么写的：

> 时皇太子承乾有足疾，泰潜有夺嫡之意，招驸马都尉柴令武、房遗爱等二十余人，厚加赠遗，寄以腹心。

房遗爱造反案的主谋柴令武和房遗爱就是李泰派系的成员。柴令武正是李世民那个亲自砍人的姐姐平阳公主的小儿子。他们一群人一开始就是奔着天下去的，结果最后天下被李治空手套白狼拿走了，这群人早就看李治不顺眼了。

房遗爱在永徽二年的时候就说过："公若国家有变，我当与公共立荆王元景为主。"就是国家有变，我们就立荆王李元景为皇帝。

李元景是李渊的第六个儿子，比李治大十岁。面对房遗爱等人的厚爱，他也"谦虚"地表示：嗯，我觉得我可以，因为我曾经梦到一手日一手月，日月在手，天下我有。

而高阳公主还买通了李治后宫的掖庭令陈玄运监视李治。有的电视剧描述高阳公主和李治如何亲厚，事实上高阳公主天天带着和尚道士诅咒李世民和李治。

李治当然也知道这种情况，所以他同意了长孙无忌的建议，一是没让自己的亲哥哥来奔丧，二是让留在京城的亲王和驸马们赶紧去自己的封地任职，不让他们聚在一起。

也正因如此，房遗爱等人提早行动了。

可有一个人赶在他们行动之前自曝了,那就是高阳公主。

起因就是几份家产。因为房遗直是长兄,把控着家产,而高阳公主和房遗爱天天闹着要分家,房遗直不同意,还把房遗爱给训了一顿。

高阳公主不干了,打狗,不,骂驸马还看公主呢。她之前已经在李世民面前闹过,没讨到好,这次她又去李治面前闹,说房遗直对自己无礼。

李治一听,就让长孙无忌去"鞫之",也就是审问房遗直。这在唐朝是非常丢脸的事,差不多就是要逼房遗直去死。面对此情此景,房遗直决定以直报直,就把房遗爱和高阳公主那些事全部举报了。于是房遗爱和高阳公主的谋反就此宣告结束,房遗爱被处死,而高阳公主被赐自尽。

这正应了那个段子:

"开始了吗?"

"不,已经结束了。"

但这句话是对房遗爱等人说的,对于长孙无忌来说,游戏才刚刚开始。

长孙无忌接着清除了一大批的李唐宗室和朝臣,也就是当年房玄龄留下的政治势力。

房玄龄在世时就是长孙无忌的竞争对手,长孙无忌不止一次想要打压他,可是李世民一直信任他。这还多亏了长孙无忌的妹妹长孙皇后。

第六章 李武联盟

其实,长孙皇后在世时已经看出了长孙无忌的野心,所以李世民要让长孙无忌当宰相,长孙皇后却坚决不同意。于是长孙无忌只能请辞,改为开府仪同三司,这是文散官里最高官阶,而所谓散官就是没有实权。一直到长孙皇后去世后,长孙无忌才真正开始拥有实权。

反观房玄龄一直得到长孙皇后的支持。当时房玄龄被打压,已经基本处于"下岗"状态,而长孙皇后的遗嘱之一,就是让房玄龄回来,因为他是一个忠臣。房玄龄跟着李世民那么久,即便是对长孙皇后本人,房玄龄也从来没有透露过李世民的信息,可见他对李世民的忠诚。

所以到了贞观后期,李承乾和李泰的太子之争,最后李治当了太子,而支持李泰的房玄龄并没有遭到太多的清算,得以善终。这背后不得不说有长孙皇后遗言的保护。

由此可见,长孙皇后虽然在史书中提倡后宫不干预朝政,可是她对朝廷也是有着非比寻常的影响力。同时,她也真没看走眼。

房遗爱谋反案中,长孙无忌大肆清算了房玄龄的后人。房遗爱被处死,其兄梁国公汴州刺史房遗直、三弟中散大夫房遗则、四弟谷州刺史房遗义都被流放。大批李唐王室被害:

吴王李恪被冤杀,临死前大骂长孙无忌"窃弄威权,构害良善";

和李恪同父母的唐太宗六子蜀王李愔被流放到巴州,贬为庶人，而后改封为涪陵郡王，最终客死巴州；

唐高祖李渊的侄子，战功卓著的江夏郡王李道宗，原为太常卿和礼部尚书，也被流放到象州，并在途中病死。

此外，和房遗爱交往比较多的宰相兼侍中和太子詹事宇文节、安国公兼驸马都尉和左骁卫大将军执失思力、谯国公柴哲威、尚辇奉御薛万备等全部被流放。

人数之多，规模之大，以至于一件很简单的谋反案一直办到了永徽四年。此时的李治已经几乎丧失了对朝堂的把控能力，只能看着长孙无忌大刀阔斧地铲除异己。

而这一切之所以会发生，起源就是李忠被立为太子。在此之前，长孙无忌哪怕再强势，终究还只能以劝谏为主，利用朝堂舆论压力逼迫李治，但李治在朝堂上还是能说得上话的。

可是在太子确定之后，李治对朝堂彻底失去了掌控力，基本只有点头的份。哪怕他想救下李恪的性命，也只能哭着求长孙无忌，可终究还是没有成功。

李忠会被立为太子，关键就是李治错信了柳奭，此外还有后宫王皇后的背叛和萧淑妃家族的不作为。

可以说，在和长孙无忌联合的那一刻起，王皇后就不再是李治的妻子，而是李治的政敌了。所以，李治对王皇后恨得牙痒痒，已经不用武则天去吹耳边风了。

顾命大臣中，长孙无忌和褚遂良是一派的，本来李世民还留了个李勣，可他在这些事里几乎是隐形的。

第六章　李武联盟

这只老狐狸，早躲起来了。

李勣经历了瓦岗寨、李密、李世民到现在的李治时期，早就成了人精。永徽元年他就请辞，最后当了开府仪通三司，也就是当年长孙无忌当的散官，基本是宣布自己退二线了。朝堂上熙熙攘攘，他就看戏喝茶。

永徽四年，李治把李勣搬了回来，让他做了司空，抬高他的位置。从这时起，他开始释放自己的信号。

他的第二步就是转危为机。

长孙无忌这人心胸小，贪恋权势，联合褚遂良一起冤枉刘洎，害他丧命。对长孙无忌借房遗爱清除异己这件事，朝堂上众人也不是没有看到。

同时，长孙无忌极力扩大关陇集团，从李治登基，到永徽六年，六位宰相有五位出身关陇集团。其他人，尤其是寒族子弟对此情况愤愤不平，于是李治开始把这股势力慢慢纳入自己的麾下。

有几个代表人物：

一、许敬宗

很多人认为许敬宗是武则天的亲信，因为他是因废王立武而起来的。事实上，永徽三年，他就进入弘文馆当了学士，负责编写国史。永徽五年，他因为支持废王立武，晋升为礼部尚书。

在武则天挺着肚子二进宫的时候，许敬宗已经得到了李治的提拔。而武则天看到有这样一个官员支持自己，很是感激，所以引他做心腹。也就是说，当时是武昭仪巴结许敬宗，而不是许敬宗巴结武昭仪。

二、李义府

李义府在永徽二年被编入弘文馆做学士。到了永徽六年，他因为支持废王立武而得到重视。《旧唐书》：如意元年，则天以义府与许敬宗、御史大夫崔义玄、中书舍人王德俭、大理（寺）正侯善业、大理丞袁公瑜等六人，在永徽中有翊赞之功，追赠义府扬州大都督，义玄益州大都督，德俭魏州刺史，公瑜江州刺史。

上述人的一个共同特点，那就是他们在贞观年间普遍没有得到重用，在长孙无忌掌权期间则受到了不同程度的打压。

如李义府文墨极佳，和来济并称"来李"，但由于是刘洎推举，一直不为长孙无忌所喜。

事实上，在永徽六年前，李治已经提拔了一群以寒族为主的官员做自己的猎手。并且李治已经放出明显信号：他所建立的政治势力，是以反长孙无忌为主的。于是，不得志的寒族子弟和反长孙无忌的中立派都被笼络到了李治旗下。

李治还需要一个大事件作为战场，用来正面击败长孙无忌。于是永徽五年，李治卷土重来，变被动为主动，主动要求废王立武。

当时，长孙无忌为太尉、检校中书令，还主持门下、尚书二省政务。而当时的中书令正是王皇后的舅舅柳奭。

第六章 李武联盟

唐朝实行三省六部制，三省即中书省、门下省、尚书省，如今长孙无忌一人手握三省大权。

当年隋文帝完善三省六部制就是为了分化相权，结果你长孙无忌就像收集龙珠一样，又把三省相权全都拽在手里，你怎么就那么有想法呢？

李治当时应该也很无语：舅舅，我当皇帝是为了继承李唐天下，不是为长孙天下创业。

可长孙无忌不仅仅是李治的宰相，更是他的舅舅，还是让他当上太子成为皇帝的恩人。面对这样的人，李治不可能无缘无故削弱他的权力，更加不可能找另外一个人代替。

当时李治已经失去了对朝堂的控制，眼光只能转向内廷。

当时内廷还没有那么大的权力，有权势的王皇后和萧淑妃则都选择了投降。此时的局面，就像李勣后来说的那句话："这是陛下的家务事。"

自长孙皇后去世后，李世民没有再立皇后。于是当李治继位时，后宫没有太后，王皇后是后宫唯一的主人。不同于权力来自孝道的太后，皇后的权力是来自与皇帝的联姻，因此皇帝就可以通过废后，剥夺皇后的权力，由内打外，这也是一种非常有效的迂回战术。

废皇后在历史上并不是一件非常难的事，比如汉景帝废薄皇后，事前就没有什么太大的动作，废了也就废了；唐玄宗的王皇后向弟弟王守一讨来霹雳木求子，唐玄宗知道后，先废了王皇后，再杀了王守一。

如果废后本身是目的，那么皇帝多半会先除掉内宫的皇后，再清理外朝的外戚。

而到了唐高宗李治，他却不是这么干的，因为废后对他来讲是手段，打倒长孙无忌才是目的。

首先是永徽五年，柳奭拿辞职来威胁李治，说你不宠皇后，我不安心。这对夫妻感情不和也不是一年两年了，你之前升官的时候怎么不说不安心？

他之所以说这话，就是因为这一年李治干了两件事：一是三月的时候册封武才人为昭仪，二是提升了她父亲的地位。这两件事情干下来，王皇后怕是也明白李治是要玩真的了，就让舅舅给他提个醒。不想，李治直接顺水推舟，同意了柳奭的辞职，当场贬了他的官。

然后是第二年，李治先是不让王皇后的母亲柳氏进宫，再对柳奭一贬再贬。柳奭先是被贬为遂州刺史，后来又因为大嘴巴说李治后宫的闲话（这也再一次证明王皇后无后宫之主的德行），被贬到了荣州。

李治之所以会这么做，可见其目的并不是要除皇后，而是要撬动长孙无忌联盟中最薄弱的一环——柳奭。

然后，为了把如雨后春笋一样疯长的相权铲掉，李治还需要一把够硬的锄头。

通过萧淑妃的事，李治也明白了，铲除敌人这种事，金锄头

第六章　李武联盟

银锄头都不好使，因为它怕有损伤。只有一无所有的铁锄头，便宜皮实，才能一往无前。这把锄头不一定要利，但一定要够硬。

武则天就是这样的一把够硬的铁锄头。

李治废后的靶心是长孙无忌，他对付舅舅的办法就是拉帮结派，也就是我们说的废王立武，用武则天当靶子，让大臣站边。

武则天那段日子过得很惨，过去的黑料被挖了出来，还要被花式责骂。褚遂良在朝堂上说她是先帝的人，韩瑗说她是褒姒，来济直接说她是婢女。但武则天还是挺住了，不但挺住，还索性帮李治干脏活，主动诬陷王皇后搞巫蛊，把王皇后的母亲给拦在宫外。

不止如此，武则天还写了一篇《内训》，第一段第一句就是：

> 人非上智，其孰无过。过而能知，可以为明；知而能改，可以跂圣。

就是知错能改，善莫大焉。以前的宫人们，你们知道该怎么做吗？谁是明谁是暗，你们要分清楚！

第二段则是这么一句：

> 夫人之过无他，惰慢也，嫉妒也，邪僻也。惰慢则骄，孝敬衰焉；嫉妒则刻，灾害兴焉；邪僻则佚，节义颓焉。

权力的困境：武则天和她的时代

"惰慢""嫉妒""邪僻"，这就是王皇后的三个关键词啊！王皇后不行礼，不亲蚕，这不就是惰慢吗？为了太子位，和萧淑妃争宠，找一个庶子做养子，这不就是嫉妒吗？不能"曲事上左右"，这不就是邪僻吗？

而且武则天似乎生怕别人不知道她在说王皇后，还特地把这些大道理具体化。

"惰慢，孝敬衰"，王皇后，你还记得长孙皇后是怎么做的吗？

"嫉妒，灾害兴"，太子是国之根，你看你王皇后都立了个什么太子？

"邪僻，节义颓"，掖庭令都能被收买，你王皇后平时都在干吗？

最重要的是，武则天之所以写《内训》，就是要对应长孙皇后为后宫写的《女则》。

也就是说，武则天当时已经实际掌控了后宫，王皇后随着母亲不得入宫，可能还被软禁了起来。

可以说，武则天用自己的力量，帮李治整顿好了大后方。

后方整顿好了，李治就开始放开手脚，整顿前朝。

李治封李勣为司空，并且光明正大地给支持自己的人开后门。以后来的李猫，也就是当时的李义府为例，他本来是要被贬官的，结果听了王德俭的话，跑到李治面前表示自己一定坚定地支持武昭仪上位。李治听了表示这家伙很上道，不但收回了贬他

第六章　李武联盟

官的圣旨,还赏赐他一斛珍珠。

许敬宗被长孙无忌怒斥,回头李治就给他升官。

长安县令裴行俭认为国家的祸患就从立武则天为皇后开始,还与顾命大臣长孙无忌、褚遂良秘密商议对策,李治就把他贬到去西州都督府当长史数绵羊,让他好好想想自己的问题。

再然后,李治直接对五品以上的大臣说:

> 顷在先帝左右,见五品以上论事,或仗下面陈,或退上封事,终日不绝;岂今日独无事邪,何公等皆不言也?

大白话就是:你们这帮吃碗面反碗底的家伙!当年我爸在的时候,你们话那么多,没事找事说,天天唠叨没完,怎么现在一个个都成哑巴了?难道现在天下太平了?还是你们没带脑子了,舌头不见了?

这话正是针对长孙无忌。当年李治也问过长孙无忌,为什么我当皇帝时没有人提意见啊?长孙无忌回答,天下太平,所以大家没有意见,这说明皇上做得很好啊。

舅舅这么夸自己,李治要信了就是真的是傻了,可他能怎么办?只能明知道被骗,还要把嘴巴翘出30度角的微笑。

如今,李治和长孙无忌撕破脸了。

五品以上的大臣,当然也包括了长孙无忌在内。李治这话除了是对大臣说,更重要的就是在对长孙无忌说:"别当我傻啊！"

李治的态度这么明显，下面的人也开始站队。

褚遂良在朝廷上把头磕出血也不和"无忌哥哥"分离，韩瑗和来济演双簧上书为"无忌哥哥"打气，于志宁直接被吓傻：现在做文官都那么艰难了吗？

最后看够了戏的李勣站了出来：你娶老婆是你的家务事，问我们干吗？这里是朝廷，不是居委会！李勣一句话把立皇后定性为李治的家事，堵住了反对派的嘴。

许敬宗赶紧顺杆儿爬："没错啊！农民多收了稻谷，都会想要新媳妇，何况是天子。"

至此，大局已定。

所有支持长孙无忌的人都一一被清算，首当其冲的当然是在殿上用血逼谏的褚遂良。

永徽六年十月，武则天被册封为皇后，褚遂良就被赶到了潭州任都督。

显庆元年元旦，太子李忠被废，武则天长子李弘被立为太子。

显庆二年，褚遂良调到桂州去任都督。同年，武则天与许敬宗、李义府一起诬告中书令来济、门下侍中韩瑗与在桂州的褚遂良共谋反叛。褚遂良又一次被贬到爱州，来济贬为台州刺史，韩瑗贬为振州刺史，终身不许回京。

自此，当日血谏朝堂的四位大臣褚遂良、来济、韩瑗和于志

第六章 李武联盟

宁,已经被除掉了三位。

把长孙无忌的爪牙彻底拔去后,李治将目光转向了舅舅长孙无忌。

显庆四年,许敬宗告监察御史李巢与长孙无忌交通谋反,李治立刻让许敬宗与侍中辛茂去临案审问。曾经被长孙无忌打压和羞辱的许敬宗回来会有什么答案,大家都知道,那就是长孙无忌有谋反的端倪。

于是,李治开始一段绝伦的表演。

《旧唐书》记载:

> 敬宗奏言无忌谋反有端,帝曰:"我家不幸,亲戚中频有恶事。高阳公主与朕同气,往年遂与房遗爱谋反,今阿舅复作恶心。近亲如此,使我惭见万姓。"敬宗曰:"房遗爱乳臭儿,与女子谋反,岂得成事?且无忌与先朝谋取天下,众人服其智,作宰相三十年,百姓畏其威,可谓威能服物,智能动众。臣恐无忌知事露,即为急计,攘袂一呼,啸命同恶,必为宗庙深忧。诚愿陛下断之,不日即收捕,准法破家。"帝泣曰:"我决不忍处分与罪,后代良史道我不能和其亲戚,使至于此。"敬宗曰:"汉文帝汉室明主,薄昭即是帝舅,从代来日,亦有大勋,与无忌不别。于后惟坐杀人,文帝惜国之法,令朝臣丧服就宅,哭而杀之,良史不以为失。今无忌忘先朝之大德,舍陛下之至亲,听受邪谋,遂

怀悖逆，意在涂炭生灵。若比薄昭罪恶，未可同年而语，案诸刑典，合诛五族。臣闻当断不断，反受其乱，大机之事，间不容发，若少迟延，恐即生变，惟请早决！"帝竟不亲问无忌谋反所由，惟听敬宗诬构之说，遂去其官爵，流黔州，仍遣使发次州府兵援送至流所。其子秘书监、驸马都尉冲等并除名，流于岭外。

面对恩人兼舅舅被查出有谋反的端倪时，李治完全没有否认，先是给舅舅扣了一顶大帽子"我家不幸"，再然后把长孙无忌的"谋反有端"，直接等同于高阳公主和房遗爱的造反案。这相当于一个人仅仅是被怀疑有偷东西的嫌疑，他外甥就直接嚷嚷开了："我家门不幸，家里出了小偷啊！"

李治这种诡异的态度与李世民的对比尤为明显。贞观年间，屡次有大臣上奏李世民说长孙无忌权宠过盛，李世民都是微微一笑，甚至主动为长孙无忌辩护，说把他当成自己儿子一样。

许敬宗何许人也？这个人精中的战斗机，顿时明白了李治这话的意思，赶紧顺水推舟，说了一堆话，想要证明长孙无忌比房遗爱严重多了，说万一他真成了，陛下"必为宗庙深忧"，你李家祖坟都有危险，赶紧立刻马上把长孙无忌抓了。

李治开始哭："我不忍心啊！以后史书会说我连自己亲戚都处不好啊！"

许敬宗立刻开始给皇帝戴高帽，拿汉文帝如何为了社稷逼死

第六章 李武联盟

自己舅舅薄昭的事情来拍李治的马屁,说您就跟汉文帝一样。然后他又说长孙无忌对天下的危害如何如何,总之就是劝陛下为了天下,必须当机立断!

历史上,薄昭确实是杀了朝廷使者,犯了罪,长孙无忌只是有端倪而已,并没有切实的证据证明他真的谋反。

而李治听完许敬宗的话,就什么都不说了,连长孙无忌谋反的理由,他也不问一下,由着许敬宗去编。然后就削去长孙无忌的官爵,将他流放黔州,将其子秘书监、驸马都尉长孙冲,也就是李治同胞长姐长乐公主的丈夫除名,将其流放于岭外。

至于后宫的王皇后和萧淑妃,"主角"长孙无忌也许还能撑个四年才结束,而作为"配角"的她们早在永徽六年就剧终了。

有人说王皇后和萧淑妃先被打了一百杖,然后被砍断手脚,丢进酒缸,最后两人一起发出诅咒:"我愿为猫,武为老鼠。"

一百杖在唐朝是很重的刑罚,写错公文也就打二十杖,已经能打得人皮开肉绽,何况是一百杖。还被砍断手脚、丢进酒缸,就这种情况,王皇后和萧淑妃还能不忘发出自己的诅咒,这身体素质也是很强了。

我们应该明白这是不可能的。

事实上,《旧唐书》记载:

> 永徽六年十月,废后及萧良娣皆为庶人,囚之别院。武昭仪令人皆缢杀之。

"缢杀"就是绳索套头，活活将人勒死。

《旧唐书》《新唐书》和《资治通鉴》里都有另一个版本，说李治曾经去探望过王皇后和萧淑妃，觉得她们很可怜。其实这不符合李治的性格。

李治亏待过很多人，可他不但从来不去探望他们，甚至根本不愿意见到他们，给人一种他假装不知道的感觉。

比如说李素节，这个李治曾经最喜欢的儿子被贬到远方后，想要回来见李治，李治直接说你生病了就不要来了。其实李素节当时身体倍棒，李治就是不愿意见他而已。

还有萧淑妃的两个女儿，也是李治自己的女儿，李治就是可以做到不管不问，直到后来李弘想起自己两个姐姐，李治也没再见过她们。

同样的事发生在李贤身上，李治也没再见过李贤，更不主动提起他。

可见，对于那些他伤害过的亲人，李治都是采取回避的态度，和他对待其他亲人的温暖态度形成鲜明的对比。

所以，他在废除王皇后和萧淑妃后是绝对不会去看她们的，更别说出现那温柔似水的画面。就像前文所说，比起武则天，其实最恨王皇后和萧淑妃的反而是李治自己。

武则天缢杀了王皇后和萧淑妃，李治没有任何的反应，恰恰也证明了他的态度。

多说一句，武则天其实并不怕猫，反而很喜欢猫。她在当皇帝后，甚至还设有专门训练猫的队伍。

《资治通鉴》就有记载，她想要训练猫和鹦鹉和谐相处，并且有一次还展现给大臣看，结果当场被打脸：猫一口就把鹦鹉给吃了，搞得武则天很尴尬。那也许是她唯一一次希望猫赶紧消失的一刻。

第七章　皇后武则天

永徽六年，李治立武则天为后，武则天从此开始了二十八年的皇后生活。

现在流行的说法是，武则天当了皇后就对李治爱理不理，李治也对武则天非常不满，两人感情变得生疏。其实并不如此。

武则天和李治算是历史上很恩爱的一对帝后。武则天当皇后的时候不止一次为李治祈福，李治生病的时候她也是关怀备至，举全国之力为丈夫找名医。甚至到武则天死的时候，也是选择和李治葬在一起。

武则天为李治生了四儿二女，其中三个孩子都是当皇后之后生的。武则天四十一岁时还生了太平公主，按照古代妇女生育年龄，她也算是生到最后一班岗了。要说这两人没感情，这孩子怎

第七章　皇后武则天

么来的？

就像前文所说，李治其实是一个挺专情的帝王。当然，这是对比其他帝王而言，并不是说他就是那种会一生一世一双人的痴情汉。他要能做到这一点，也不会和武则天在老爸后宫里偷情。

在事业上，武则天主动承担起脏活累活。当年血谏朝堂的长孙无忌与他的爪牙能被一口气拔掉，没有武则天与许敬宗、李义府一起替李治谋划，是很难达到这种效果。

而在659年，许敬宗等以《氏族志》中没有武氏本望，奏请修改。于是李治立刻就命礼部郎中约等比类升降，将武氏为第一等，其余的氏族以在唐朝官品高下为准，凡九等。于是，很多本来是默默无名的士卒就能以军功致位五品，这就是《姓氏录》。更多的平民可以加入士族，无形之中就使以往的士族门阀制度难以维持了。

《氏族志》顾名思义就是唐代记载宗族谱系的著作。贞观六年唐太宗李世民令高士廉等人勘正姓氏，修订《氏族志》，以李唐皇族为首，外戚次之，山东氏族被降为第三等。《氏族志》刊正的目的是提高李氏皇族的地位，扶植庶族地主，压制旧士族势力，加强皇权。但是由于魏徵和房玄龄等官员仍极力和山东士族联姻，导致这本《氏族志》的效果并没有想象中那么好。

李治则在《氏族志》基础上更进一步，直接大量注水，将军功士族也一起加进《姓氏录》，进一步稀释士族群体的含金量。

士族们当然是非常愤怒的，但也无可奈何。因为无论按照

《氏族志》还是《姓氏录》,都是以唐朝皇权为中心的编写逻辑。武则天已经成为皇后,无论武氏曾经多么卑微,《氏族志》没有武氏确实说不过去。

于是士族们只能暗搓搓地嘲笑新编的《姓氏录》里新加的宗族是"勋格",意思是按照功勋而不是自己祖宗获得的资格。在我们今天看来,这无可厚非,甚至是一种褒奖,但在士族地位还非常崇高的时代,这是对这群白手起家根基浅的"暴发户"的一种嘲弄。

从《氏族志》的修订和《姓氏录》的刊正,都能看到武则天对于李治的关键作用就是一个探路石,一步步试探和逼退士族的底线。对方无法对李治发火,可是对探路石就没那么客气了。武则天的坏名声其实始于她配合李治废后,也就是始于她充当李治的牌桌,一直到她死去。

李治对这点是心知肚明的,在武则天不断被士族痛批的时候,他给予武则天的荣誉,也是非常丰厚,毕竟这么好用的探路石,也不是随处可找的。

武则天完美地继承了武士彟越挫越勇的个性,同时还继承了他明干的做事风格。

660年后,李治经常犯头晕病,目不能视,开始把部分事情交给武则天来帮忙处理。而武则天处理得怎么样呢?

《资治通鉴》记载:

第七章 皇后武则天

> 后性明敏，涉猎文史，处事皆称旨。由是始委以政事，权与人主侔矣。

武则天做得很不错，所以李治就把政事也委托给她了。

于是，很多人就认为武则天从当皇后开始夺权，但在她夺权的具体时间上，还有争议。

有人认为武则天夺权并不是在永徽六年当皇后时，而是显庆四年后。当时，李治终于扳倒了长孙无忌，同年，他的头疼病发作，便将政务交给武则天处理。这被认为是武则天参政并从此独揽大权的标志性事件。

按照目前的历史记录来看，自从显庆四年后，武则天明确参加的政事，只有二十余例，大多数也是关于内廷及家务事，涉及的都是武则天姐姐、武元爽、武元庆、武惟良、贺兰敏之、李弘、李贤、李上金、李素节、义阳公主、宣城公主等人的生死婚嫁等。

而李治亲自处理政务的记录多达两百多条，是武则天的十倍。

另一个有力证据就是当时官员的反应。

霍王李元轨就说过："朝廷每有大事，上（李治）多密敕问之。"就是朝廷只要发生大事，李治都会秘密敕问他。可见李治对于朝廷了然于胸，还有不同的了解渠道。后来武则天打造告密机制，很可能就是和李治学的。

权力的困境：武则天和她的时代

对于一个封建国家，最重要的事莫过于祭祀和战事。祭祀方面，李治身体再不好也坚持农耕礼，他还带着武则天登泰山封禅，成为继秦始皇、汉武帝和汉光武帝后第四位泰山封禅的皇帝。

在对外征战方面，所有的赏罚和部署，包括对外事宜，全部都是李治完成的：

上元三年，大唐打突厥，李治下诏招募猛士，并且还亲自送他们上战场。

仪凤三年，大唐和吐蕃的战争失败，也是李治召集侍臣商讨绥御政策。

调露元年，裴行俭送波斯王子遗体归国，就想顺路把突厥十姓可汗干掉，也是询问李治，得到李治的首肯才能行动。

乾封初，薛仁贵打高句丽获胜，也是李治给他嘉奖，并且在讲述他们过去的事情时，明确地表达薛仁贵的行动是在自己的指挥下进行的。

种种资料都证明，显庆四年后李治的身体虽然大不如前，可军国要事仍然全部都由他来处理，和武则天没有关系。

除了早年和长孙无忌对抗，并没有任何证据证明武则天当时已经垂帘听政而李治只是傀儡，相反的事例倒有很多。

《旧唐书》记载，一个叫员半千的人曾经参加科举，李治亲自到场考验学子，因为他对答如流，让其入朝。过了很多年，李治去世后，员半千被安排去做使节，来找武则天辞别。武则天很

第七章　皇后武则天

惊讶，说一直知道这个名字，以为是古人，没想到是当朝人，可见武则天并不认识员半千。

员半千在朝堂上很久了，武则天却不认识他。如果武则天从显庆五年就开始垂帘听政，何至于连朝堂上的大臣都不认识。

事实上，与其说武则天和李治的关系像是慈禧和光绪，不如说他们之间的关系更像是隋文帝和独孤皇后，感情很好。

前文说了，李治年轻时是一个非常优秀的皇子，是名副其实的高富帅，还性格友善（至少表面上）。他在照顾李世民的期间和武则天好上，武则天心里是非常高兴的。

看武则天写给李治的情诗，就会明白她内心是真的爱慕着眼前的君王：

看朱成碧思纷纷，憔悴支离为忆君。
不信比来长下泪，开箱验取石榴裙。

李治与韩国夫人和魏国夫人的风流韵事，武则天能忍则忍，直到魏国夫人要进宫，她才下了杀手。而武则天自己，没有任何证据证明李治在世时她有任何的不轨。所以欧阳修评价武则天能忍，确实是没说错。

而武则天也是一个非常会为自己争取利益的人，她很清楚自己的权力是来自皇帝，而不是因为她自身的家族有多强大。同时，她也更加明白李治为了保住她这颗蒸不烂、煮不熟、捶不匾、炒不爆的探路石，必定是士族抨击她有多强烈，她日后得到的回报就有多大。

明白了这点，我们再回来看武则天这次"二进宫"。

如果说第二次进宫，武则天学会了什么，那就是如何在付出之后及时拿回自己的回报，再也不要傻傻等着别人结尾款，该催还是得催，但要讲究方法地催。

李治去泰山封禅的时候，武则天就充分展示给我们什么叫高情商说服。

《资治通鉴》记载：

> 皇后表称"封禅旧仪，祭皇地祇，太后昭配，而令公卿行事，礼有未发，至日，妾请帅内外命妇奠献。"诏："禅社首以皇后为亚献，越国太妃燕氏为终献。"

武则天向李治上奏，说："封禅为祭地之仪，由太后配享，彰显后土之德。让公卿行事，礼仪不够到位。请求让我带着宫内外的命妇来做更合适。"

这句话完全按着李治的痒痒肉说的。

"太后昭配"，这个"太后"毫无疑问说的就是长孙皇后。我们之前说过，李治是非常孝顺的人，对母亲的感情也很深厚。泰山封禅对于李治是最大的事，在这样重大的祭祀上让自己的母亲也能参与，从私情来说，这完美满足了李治对已故母亲的思念

第七章 皇后武则天

之情。

"而令公卿行事,礼有未发"中的"公卿"无疑还是那些贵族官员。李治先是打破他们对宗族的垄断,然后进一步打破他们对祭祀的垄断。国之大事,在祀与戎。本来通过唐初三代皇帝的改革,士族手上的兵已经没有了,如今就剩下这最后的祭祀权,也被武则天以这种方式给剥夺了。从公事上,武则天高度贴合李治打压士族的战略目的。

李治还能说什么?恐怕只能说一句:"有妻如此,夫复何求?"

李治同意了武则天的请求,做了如下安排:他是初献,武则天为亚献,结尾还不忘带上李治长辈兼武则天表姐越国太妃燕氏为终献,算是让李武两家共享他这份盛事。

要知道封禅是中国政治制度里最盛大的一项典礼,只有在天下真正稳定和太平了,才有条件进行。

所以,能够封禅就是皇帝工作到位了、天下太平了的结果。

而在李治之前能够封禅的,只有秦始皇、汉武帝和汉光武帝三位。李治能与这三位皇帝进行同样的典礼,内心必定是十分骄傲的。

而这期间史书记载了武则天和李治最大的一次争吵,那就是著名的上官仪事件。

《新唐书·上官仪传》记载:

权力的困境：武则天和她的时代

> 初，武后得志，遂牵制帝，专威福，帝不能堪；又引道士行厌胜，中人王伏胜发之。帝因大怒，将废为庶人，召仪与议。仪曰："皇后专恣，海内失望，宜废之以顺人心。"帝使草诏。左右奔告后，后自申诉，帝乃悔；又恐后怨恚，乃曰："上官仪教我。"

这段史料说的是麟德元年，武则天大权在握，还让郭行真入宫，行"厌胜之术"。这件事让内侍王伏胜知道了，他赶紧和李治报告说，武则天可能给李治戴了绿帽。

而李治受制于武则天，心里老窝火了，老早就想废了她。于是，他便和上官仪一起起了废后诏书。上官仪知道后，连连大喊万岁："陛下，我们老早就希望你们离婚了。赶紧的，大伙都盼着这一天。"

武则天通过内应知道后，赶忙跑来和李治一顿吵，甚至直接把诏书撕了。李治被吓得直接抓上官仪当挡箭牌："都是他教坏我的，是他是他就是他。"至于废后，李治表示：不是我，不知道，与我无关。

于是，武则天就以王伏胜和上官仪都服侍过前太子、陈王李忠为借口，把他们都给杀了，还抄了家。上官仪用自己和全家的命做了李治的背锅侠。而李治从此以后更是大气不敢出，把"妻管严"这帽子给戴端正了。

有不少的人把这一年称之为武则天正式掌权的一年。

第七章 皇后武则天

可事实上，直到第二年，武则天封禅仪式上还得奏请李治。李治也并不是只会说"好好好""对对对"，而是给予详细批示，包括具体流程、注意事项等，最后才批准祭祀，武则天才把事给办成了。

《资治通鉴·唐记十七》：冬，十月，癸丑，皇后表称"封禅旧仪，祭皇地祇，太后昭配，而令公卿行事，礼有未发，至日，妾请帅内外命妇奠献。"诏："禅社首以皇后为亚献，越国太妃燕氏为终献。"壬戌，诏："封禅坛所设上帝、后土位，先用藁秸、陶匏等，并宜改用茵褥、罍爵，其诸郊祀亦宜准此。"又诏："自今郊庙享宴，文舞用《功成庆善之乐》，武舞用《神功破陈之乐》。

被历史学者宣称"掌权"的武则天举办祭祀的流程都要按照李治的意见一步步做，这权掌得也太窝囊了！可见，李治不仅不是"妻管严"，很可能是"管妻严"。

上官仪之罪，《资治通鉴：唐纪十七》里记载的又是另一个版本：

> 仪先为陈王谘议，与王伏胜俱事故太子忠，后于是使许敬宗诬奏仪、伏胜与忠谋大逆。十二月，丙戌，仪下狱，与其子庭芝、王伏胜皆死，籍没其家。戊子，赐忠死于流所。

话说上官仪咨询议论陈王，也就是前太子李忠，因为他和王

权力的困境：武则天和她的时代

伏胜都侍奉过李忠。于是皇后，也就是武则天知道后，就让许敬宗诬陷他们，说他们"谋大逆"。结果上官仪等人就被处死，全家都沦为奴隶。紧接着，李忠也被赐死。

按这个说法，武则天杀上官仪不是因为所谓李治要和她离婚，而是因为上官仪心挂前太子，让现太子的娘武则天不安。

那么上官仪事件到底是怎么一回事？

我们先从小人物郭行真开始讲起。

他是武则天离婚案的导火索，但麟德元年，他其实并不在长安。就在前一年，也就是龙朔三年，他被流放到了爱州。

根据佛教典籍《法苑珠林》记载，武则天和李治之所以会认识郭行真这个道人，不是为了行厌胜之术，而是为了给太子李弘治病。

李弘身体不好，五岁便有了痨病，也就是我们说的肺结核，一直是药不离身。所以武则天和李治希望郭行真能帮李弘治好病。结果郭行真却借着李治夫妻对儿子的爱，到处搜刮民脂民膏。后来事情败露，李治非常愤怒，命人严惩。

龙朔三年，被耍了的李治下诏：

> 论斯咎衅宜从伏法，以其参迹道门，情所未忍。可除名长配流爱州，仍即发遣令长纲领送至彼。官司检校不得令出县境，其私畜奴婢、田宅、水硙、车、牛、马等，并宜没官。

第七章　皇后武则天

爱州位于现在的越南，也是褚遂良曾被贬的地方，当年真是又穷又远又荒凉。诏书还特地加了一句"官司检校不得令出县境"，意思就是郭行真到了以后，当地官员要看管他，不得让他离开县境，基本就是要让他死在那里了。

所以，麟德元年，人已经在爱州的郭行真就算想去会武则天，也是有心无力了。

《法苑珠林》一书由僧人释道世所著，写于总章元年，也就是668年，远比《旧唐书》等历史典籍要离事发的麟德元年也就是公元664年要近，因而更加可信。

那么上官仪究竟为何而死呢？

《旧唐书》记录了这么一句话：

> 仪既贵显，故当时多有效其体者，时人谓为"上官体"。仪颇恃才任势，故为当代所嫉。

就是上官仪在龙朔二年升任西台侍郎、同东西台三品，成为宰相，又加银青光禄大夫，仍兼弘文馆学士，一时显贵，大家纷纷附庸于他。很多人甚至模仿他的文体，称之为上官体。而上官仪恃才自傲，任由这样的形势发展下去，还被当时很多人嫉妒。

想不到仅仅两年后，上官仪就获罪，最后被杀。那么，龙朔三年发生了什么事，就很重要：

第一，李义府被贬。一时间，上官仪的名望在朝堂上更上一层。

第二，当年十月，李治的头疼病又犯了。于是，《资治通鉴》记载：

> 诏太子（李弘）每五日于光顺门内视诸司奏事，其事之小者，皆委太子决之。

而李弘当时多大呢？才十一岁。

那么我们再回头看，当年上官仪获罪的罪名是"上官仪、王伏胜勾结废太子李忠，图谋叛逆"。

上官仪"为世人所嫉"，文人相轻，后来告发他的许敬宗正是以文笔佳闻名。再加上上官仪这人大嘴巴，到处议论前太子如何如何。眼看着上官仪越来越高的名望，深受长孙无忌之苦的李治心里怎么可能会觉得舒坦。

而早在显庆五年，前太子李忠就在房州不老实，天天怀疑有刺客要杀自己，于是每天化身女装，其实就是找茬表达对李治的不满。不仅如此，他还天天占卜，占卜这种事在唐朝不能随便做的。于是，李治一气之下，将他囚禁在黔州李承乾的故宅。

到了龙朔三年，李忠已经二十岁了，是一个成年人了，而李弘还只是一个十一岁的孩子。

自己身体越来越差，太子年幼，前太子神神叨叨却又已长大成人，这种情况下，李治的疑心也越来越重。李治又想起上官仪

第七章 皇后武则天

和内侍王伏胜都侍奉过李忠,越想越觉得这老家伙留不得。

为了把危险扼杀在摇篮里,李治索性一不做二不休,把他们一起杀了。在上官仪获罪的同年十二月十五日,李治将李忠赐死在黔州住所。

所以,上官仪并不是死于李治的离婚未遂,而是死于李治的疑神疑鬼和李忠的疯疯癫癫。

他是冤死,可不是被武则天冤死,而是被李治冤死。

估计当时李治也没想到,自己这种半病半活的状态竟然还能再持续二十年。所以后来病情有所好转时,他也知道自己错了。

麟德二年,皇太子李弘上表请求收葬李忠骸骨,李治表示同意。但对于上官仪,李治一直没有原谅他,就是记恨他在自己生病的时候议论前太子。

从这个案件里,大家也可以看出李治夫妻对李弘的在乎和呵护。为了治疗他的病而甘心受骗,为了替他消除可能带来伤害的潜在危险不惜冤杀大臣。

这样被父母放在心窝的李弘,到底是一个什么样的性格?他真的是因为替同父异母的姐姐对抗母亲,最终被母亲毒杀吗?

第八章 转 折

关于李弘的死有很多说法，其中最著名的就是《新唐书》的版本：

> 萧妃女义阳、宣城公主幽掖廷，几四十不嫁，太子弘言于帝，后怒，酖杀弘。

说的是萧淑妃的两个女儿快四十岁了都没嫁人，太子李弘知道后很为异母姐姐感到难过，就告诉李治。武则天知道后非常生气，用毒酒杀了李弘。

其实只要会算术就知道这种说法多么可笑。李弘死的时候是公元675年，李治当时也才四十七岁，怎么生出快四十岁的女

第八章 转折

儿？欧阳修为了抹黑武则天，已经全然不顾自然科学规律。

事实上，李弘作为李治和武则天的长子，和父母的关系非常和睦。李治和武则天对他很好，他对父母也是极其孝顺。武则天更是不止一次为儿子的平安祈福，为他的身体求医。李弘死后，她还深深怀念长子，为他写经造功德。

细观李弘的一生，你会发现李弘的病是有一个发展过程的。

李弘去世后，李治写了一封诏书，透露了很多李弘平生的信息：

> 皇太子弘，生知诞质，惟几毓性。直城趋贺，肃敬著于三朝；中寝问安，仁孝闻于四海。自琰圭在手，沉瘵婴身，顾惟耀掌之珍，特切钟心之念，庶其瘥复，以禅鸿名。及朕理微和，将逊于位，而弘天资仁厚，孝心纯确，既承朕命，掩欻不言，因兹感结，旧疾增甚。亿兆攸系，方崇下武之基；五福无徵，俄迁上宾之驾。昔周文至爱，遂延庆于九龄；朕之不慈，遽永诀于千古。天性之重，追怀哽咽，宜申往命，加以尊名。夫谥者，行之迹也；号者，事之表也。慈惠爱亲曰'孝'，死不忘君曰'敬'，谥为孝敬皇帝。

其中有一句"自琰圭在手，沉瘵婴身"。琰圭，上端锐。《周礼·考工记·玉人》载：

权力的困境：武则天和她的时代

　　琰圭九寸，判规，以除慝，以易行。

　　"琰圭在手"就是说李弘当上太子这件事。"沉瘵婴身"的"瘵"，在古代指的是痨病。李弘当上太子时不过四岁，已经患上了痨病，也就是我们所说的肺结核。

　　其实从现代生育科学的角度，也能知道原因。李弘是武则天在感业寺里怀上的，因为快要生产了王皇后才把她接进宫。所以，武则天孕育李弘时是在感业寺这样环境糟糕的地方。李弘出生的时候缺乏营养，身子骨弱，抵抗力低，小小年纪就患上痨病也不足为奇。

　　这封诏书里还说明了李弘名字的含义。"顾惟耀掌之珍，特切钟心之念，庶其痊复，以禅鸿名"，就是说武则天和李治非常爱惜这个儿子，所以希望他能有天大的好运，身体可以痊愈，所以给他取名李弘。

　　所以，真相根本就不是某些人揣测的那样，武则天野心勃勃，给李弘取了道教太上老君降世化名。说到底，武则天生下李弘时还前途未卜，孩子体弱多病，她和李治为人父母，无非也就是希望孩子能够身体健康地长大。

　　武则天和李治为了李弘的身体也是操碎了心。这两个精通文史的人竟然会被郭行真这种道士耍得团团转，造成劳民伤财的后果，背后原因也是关心则乱。

　　李弘一向身体不好，而李治从龙朔二年开始自己身体也不行

第八章 转折

了,经常要武则天陪着自己去疗养和看病。那么他不在时,谁来主持朝廷里的工作呢?还是李弘!

从龙朔二年李治和武则天去骊山休养的时候起,李弘就开始担任监国,那时他才十岁。

龙朔三年,"诏太子(李弘)每五日于光顺门内视诸司奏事,其事之小者,皆委太子决之",李弘当时十一岁。

乾封二年,李治久病不愈,李弘再次监国,此时十五岁。

咸亨二年,李治去东都洛阳巡视,李弘坐镇长安监国,此时十九岁。

咸亨三年,诏李弘监国,此时二十岁。

咸亨四年,李治又病了,命李弘在延福殿听取各司报告,此时二十一岁。

上元二年,李弘死于合璧宫,享年二十三岁,按照中国传统算法是二十四岁。

他在短短的二十四年生命里,已经六次主持国家政事。这是什么样的概念?

此外,龙朔元年(661年),不到十岁的李弘曾命许敬宗、许圉师、上官仪、杨思俭等人收集古今文集,选录五百篇编集成《瑶山玉彩》(这里,请大家注意杨思俭这个人,后文细说)。李弘当时才九岁,很多工作都要在母亲武则天的主导下进行,但也需要他在场学习和拍板。

李治给李弘的工作强度,要搁在今天,完全可以被判非法雇佣童工和虐待儿童两条罪了。

而李弘是一个很勤劳、仁厚的老实孩子。有一次，李弘监国，因为他很少亲近东宫的属官，负责饮食的官员就擅自克扣他的膳食，并且上书劝谏他，希望他重视东宫的官员。

李弘可是太子，有人竟然敢不给他饭吃，还骂他，要他重视自己。搁一般人，绝对是先砍两刀再来讲道理。想想《红楼梦》里的贾宝玉，就因为淋雨回府没人给他开门，把贴身丫鬟袭人踹吐血了。

反观李弘，自己累了半天，回来没饭吃，却没有怪下属，反而是耐心地听了东宫官员的一通抱怨后，点头微笑解释道："因为我身体不好，还需要经常入宫照顾父皇，所以留在东宫的时间少了，以后我会多注意的。"

我每次读到这里，都觉得李弘就是大明宫里小天使一样的存在：心地善良，温和有礼，学富五车，勤奋努力，孝顺父母，亲善下属，简直就是一个完美的皇太子。

难怪疑心病重的李治对自己这位太子也非常满意，说他从小到大就没犯过错，甚至有提前退休让位给他的念头。

李弘对每个人都很好，可就是对自己不好。他自己有痨病，还要进宫照顾老爸，还要监国，要修书，要管姐姐的婚事，要管下属的情绪。得了肺结核这种病，本来需要多休息，可历史上的李弘从小到大就没休息过，说是活活累死的也不为过。

李治作为李弘的父亲，对他的去世看得很是明白，所以说

第八章 转折

"弘天资仁厚,孝心纯确,既承朕命,掩欷不言,因兹感结,旧疾增甚",就是说李弘很有孝心,自从当了太子,就承担起太子的职责,即便再辛苦也不说,因此积劳成疾,加重了原本的旧疾,最后猝死在合璧宫里。

通过李弘的成长轨迹大家也可以看出来,他很早就参与到了朝政之中,并不存在武则天不让他参政或者忌讳他的情况。而且有好几次是武则天和李治都不在宫中,他一个人处理政事,武则天也没有嫉恨的意思。

至于放萧淑妃的女儿出宫这事,通过她们的墓志铭也能看出来,武则天给她们安排的夫家是很优秀的,不存在李弘因为觉得母亲敷衍自己而生气的情况。

李弘是一个很有孝心的人,他对李治和武则天都很孝顺,所以史书上也说,李弘是"深为帝及天后钟爱"。

还有一件事证明了武则天和李治对李弘的偏爱:李弘的太子妃,一开始的人选是杨思俭的女儿,后来她被贺兰敏之玷污,只能罢休。这件事也是让武则天和李治对贺兰敏之起了杀心的导火索。

杨思俭并不是什么高官,而且也没有什么深厚的政治势力,除了跟着李弘修书,在朝廷上基本默默无闻。武则天后来因为女儿的妯娌不够体面都跳脚要把她们撵出去,她怎么会同意这么个不够高贵的儿媳妇?我大胆地推测,这可能是李弘自己的选择。

即便是门第不太合适,可李弘自己喜欢,李治和武则天也就默许了。

这也牵扯到了贺兰敏之的死因。

贺兰敏之死于671年,也就是李弘十九岁的时候。李治娶亲不到十六岁,李弘应该也是差不多年纪议亲。太子妃人选确定后被贺兰敏之玷污,正好对应贺兰敏之被贬的时间。

关于贺兰敏之的死因,最主流的一种说法是,武则天杀了被李治宠幸的魏国夫人,引起了她哥哥贺兰敏之的仇意,武则天担心,就贬了他。

但事实上,魏国夫人死于乾封元年,可是乾封二年,武则天还请奏李治,要以贺兰敏之为武士彟的子嗣,将他改为武姓,继承周国公的爵位。

既然武则天知道贺兰敏之恨她,为什么还要在第二年把自己老爸的爵位封给他?试问这是精神分裂了吗?

事实上,武则天的母亲荣国夫人杨氏对这个失去母亲和妹妹的外孙过于溺爱,于是武则天对贺兰敏之也一直多加关照,对这个大外甥是手把手地带,一点一点地教。贺兰敏之的墓志铭里是这么写的:"于是指云路步天衢。"就是说武则天为外甥铺路,助他升官。

武则天知道贺兰敏之文笔不好,还找了学士李嗣真等人来帮助他,让他于兰台刊正经史,并著撰传记,给他学习和磨练文笔的机会。

乾封元年,李治封泰山毕,来到孔庙,要贺兰敏之写一篇祝

第八章 转折

文。结果他写得稀烂,气得李治当场把笔折断,扔到一边,就差没指着贺兰敏之的鼻子骂。可即便李治再不喜欢贺兰敏之,也还是看在武则天的份上,同意让贺兰敏之改姓武,让他继承周国公的爵位。

其实历史上的贺兰敏之这个人除了长得好,其他方面可以说一无是处,为人和才华都令人唏嘘,简直是李弘的反面对比。李弘是从小到大没犯过错,贺兰敏之是从小到大就知道犯错。

《旧唐书》说他"挟爱佻横""恃宠骄盈",用现在的话就是恃宠而骄。他从当官起,别的没学会,贪污受贿就先学了个十足,只不过这些"日常操作"都被武则天压了下来。

咸亨元年,荣国夫人杨氏去世,贺兰敏之作为她的嫡孙,理应为对自己心心念念的外祖母守孝,结果这个不靠谱的又在做荒唐事。

《新唐书》说他"杨姥丧未毕,褫衰粗,奏音乐",就是说杨氏的葬礼还没有结束,他就已经没有哀伤,奏乐享受一样不落,天天找快活。武则天看着这个扶不起的阿斗,气不打一处来,但碍于情面,没有做声。

紧接着,武则天出钱给母亲造佛像,贺兰敏之又把钱给贪污了。武则天很生气,但一想到家里姐妹几个就剩下这么一个男丁,杀了他,父亲的爵位只能由已经被发配到海南的哥哥后人继承了。一个是惹自己生气的败家外甥,一个是仇恨更深的哥哥后裔,两者选其轻,武则天还是忍了。

贺兰敏之还曾闹出和外祖母通奸以及玷污太平公主这两桩骇人听闻的丑闻。

不过这两桩丑闻乍一听很惊悚，但细品下来，根本禁不起推敲。说二十多岁的贺兰敏之血气方刚是有可能的，但荣国夫人已经年近九十，骨质疏松，哪怕真有心肯定也无力了。

至于太平公主当时也才五岁，这桩也不太可能是真的。

太平公主是李治的亲闺女，还是当时他身边唯一的闺女，何况身为公主，身边有宫女、有奶妈，浩浩荡荡几十个人，而这些人后来都没被处置。要是太平公主被贺兰敏之玷污的事真的发生了，按照李治那么爱迁怒的性格来看，恐怕整个长安都会是腥风血雨。结果最后的结局仅仅是贺兰敏之被贬到远方，可见根本没有发生什么骇人听闻的事情。

相比之下，贺兰敏之与杨思俭的女儿私通可能性更高，因为这件事也许武则天可以忍，李治忍不了。

之前的事，贺兰敏之都是占武则天便宜，武则天不说话，李治可以当不知道。可是杨思俭的女儿是李弘的心上人，即将成为太子妃，贺兰敏之胆子还真大！

贺兰敏之能够了解到太子妃人选，甚至玷污她，与他身为周国公以及武则天外甥的身份是分不开的，李治气起来要治武则天一个包庇之罪也不无可能。这时，武则天知道保不住贺兰敏之，所以她选择坦白从宽，当即把贺兰敏之的罪行一一曝光，极力撇清自己和贺兰敏之的关系。

第八章 转折

果然，李治二话不说就把贺兰敏之身上的爵位和官位剥了个精光，一脚把他从云端踩入十八层地狱，将他扔去雷州，即今广东湛江。话说这地方离武则天哥哥被贬的海南还挺近的，两人还可以走个亲戚。

从雷州和长安的距离就能看出来，李治是把贺兰敏之当有害垃圾给处理了，有多远扔多远。知道以后再也回不来的贺兰敏之用马缰把自己勒死，自杀而亡。

很多人怀疑贺兰敏之是否真的和杨思俭的女儿私通。《新唐书》记载这个太子妃是私定，就是李治夫妻二人和李弘商量后的一个结果，并没有公开。理论上，杨氏作为待嫁姑娘，还住在自己家，这就给了贺兰敏之下手的机会。同时，贺兰敏之当时正担任太子宾客，负责编书，和同在太子府编书的杨思俭必定是认识的。

天时地利都具备了，至于人和，我揣测也是有可能的。贺兰敏之"挟爱挑横"，面对比自己小十多岁但备受父母疼爱还前途似锦的太子李弘，他内心充满了嫉恨。而李弘的脾气好，在和表哥的相处中并没有过多计较，更给予贺兰敏之一种他软弱可欺的印象。

尤其是贺兰敏之唯一的胞妹魏国夫人因为争宠被武则天所杀，宠幸她的李治却完全没有任何想要主持公道的表现。整个皇宫就像魏国夫人从来没出现过一样安详宁静，李治和武则天继续和和美美地过日子，他们最宠爱的太子也将迎娶自己的心上人，一切都看起来那么完美，这让贺兰敏之很难不内心扭曲。再加上他恃宠而骄和肆意妄为的性格，做出这样越轨的行为，是非常有可能的。尤其是站在贺兰敏之的角度，除了诱奸李弘那还在闺房的准太子妃外，恐怕也没有其他可以报复李治和武则天的办法。

其实，除了当事人，对这件丑闻了解得最清楚的就是李治和武则天。他们后来为李弘挑选的右卫将军裴居道之女，出身高贵，其貌不扬，但很有妇德，几乎完全是杨思俭女儿的反面。

《旧唐书·孝敬皇帝传》载：

> 又召诣东都，纳右卫将军裴居道女为妃。所司奏以白雁为贽，适会苑中获白雁，高宗喜曰："汉获朱雁，遂为乐府；今获白雁，得为婚贽。彼礼但成谣颂，此礼便首人伦，异代相望，我无惭德也。"裴氏甚有妇礼，高宗尝谓侍臣曰："东宫内政，吾无忧矣。"

就是说在李弘娶裴氏之前，宫里获得了白雁，正好作为纳彩之礼。李治很高兴，但又说了一句："我无惭德也。"他曾不止一次表示自己的惭愧和忧虑，但后来看到裴氏很有妇礼，就说："东宫的事，以后我可以不用担心了。"

面对这样的喜事，为什么李治会感到担忧和惭愧呢？联系之前发生的贺兰敏之之事，这就说得过去了。

至于李弘，他是一直到贺兰敏之之事三年后才迎娶裴氏，这

第八章 转折

时他已经二十岁了。李治十六岁前就娶妻了，李世民迎娶长孙皇后也是十六岁，如果没发生贺兰敏之的事，李弘也应该在十六岁左右娶亲。他为何晚婚，一切尽在不言中。

可惜李弘患肺结核的时间太长，已经没有生育能力，他和裴氏成亲两年也没有孩子。但他们两人感情应该是很好的，伤心欲绝的太子妃裴氏在丈夫去世的第二年也跟着离开人世，武则天被媳妇的深情感动，封她为"哀皇后"，让她和李弘合葬。

太子李弘和当时普通的大唐青年一样，有过自己爱慕的女子，有过所爱被夺的难堪，最后也有归于平淡的幸福。除了默许父母对贺兰敏之的惩处，他并没有像父亲那样迁怒过。大家总是因为他的早逝而把他当成一个孩子，结果忘了他作为太子，其实已经是一个有着十余年理政经验的政治家。在贺兰敏之的处理上，他所表现的克制恰恰正是当权者的宽容和善良。

虽然李弘是猝然离世，但我们通过他去世前一年的蛛丝马迹，可以看出当时他的身体已经开始恶化。

上元元年，李弘没有参加任何国家大事。要知道他从十九岁开始，每年不是监国，就是参加大型朝会。而这一年，他一反常态地什么活动都没有参加。

同年，李治开始让武则天和自己同朝议事，并称"二圣"。很明显，当年一定出现了不可预测的情况，才迫使李治做出这样的举动。唯一可能的情况就是原本一直辅助皇帝的太子身体不行了，所以李治只能找武则天帮忙。

就在李弘去世前一个月,李治的头疼病又犯了。这次他并没有像以前那样让李弘监国,而是准备让武则天摄政,结果遭到群臣的坚决反对,只能作罢。如果不是因为李弘身体情况已经很严重了,李治没必要做这一场戏。

李弘去世前几天,武则天找了一个理由把李显的妻子即周王妃杀了。她这么做的目的是想扶李显为太子,要先给他安排一个娘家弱势的妻子。她会这么做,正说明李弘的身体情况已经糟糕到让一向疼爱他的武则天不得不着手准备第二方案。

不知道是为了安抚父亲的忧虑与群臣的躁动,还是出于阻止母亲做出更加疯狂的举动的考虑,身体已经非常糟糕的李弘毅然地做出了一个决定:他要随父母前往洛阳,用自己最后一口气稳定整个大局。他依旧在为别人考虑,他一生一贯如此。

上元二年四月,李弘随帝后出行洛阳,在合璧宫绮云殿猝然离世,年仅二十三岁。

李治和武则天悲痛欲绝,破例追加太子李弘为皇帝,追谥他为"孝敬皇帝",百官服丧三十六日,开了唐朝建国以来父亲追赠儿子为皇帝的先例。

李治还亲自书写《睿德记》缅怀李弘,表达自己对儿子离去的悲伤和哀思,碑石竖立于陵墓之旁。

武则天也一直没有忘记李弘。除了追封他的遗孀,到了长寿初年,她看到其他儿子子女成群的场景时,再次想起了没来得及留下后嗣的长子,便把李旦的儿子李隆基过继给李弘为嗣子,继

第八章 转折

承香火。

李弘活得太短，但在短暂的生命里，于公，他得到苛刻大臣的认可、疑心病父母的信任，是一个优秀的太子；于私，他得到妻子的爱慕和兄弟的敬重，是一个合格的丈夫和好长兄。

在李弘离开多年后，人走茶未凉，他的兄弟还在用自己的方式怀念着他。李显第二次即位时，将李弘的神位祔与太庙祭祀。

李弘身体不好，他本有理由懈怠，可是他反而更加恪尽职守，因为他知道太子位置的重要性。武则天当皇后最和谐的时光里，背后也离不开早熟的李弘的支持。

可是强大的使命感也让李弘耗尽心力。李弘的离世就像他的出世一般，给武则天的命运带来翻天覆地的改变。

武则天在自己亲笔写的《一切道经序》里表达了自己在李弘去世后的痛苦：连续好几个月都没办法离开宫殿，每天吃不下任何东西，只能默默流泪，感觉自己的心都被挖空了。

李弘既是武则天的长子，也是当年她能得到封号的倚仗。他懂事、孝顺、有礼有节，有担当又没有野心，可以说是武则天前半生里最大的安全感来源。

可是大厦崩塌，武则天的人生开始乱了。武则天和李治家庭里兄弟亲善、父母慈爱的画面宣告结束，整个大唐的走向也从此不同。

在李弘去世之前，武则天虽然也有鞭打侄媳妇、杀害外甥女这些出格的行为，但都事出有因，比如哥嫂对自己无礼、外甥女企图取代自己，他们都称不上无辜。后来，武则天的行为就开始变得偏激起来。她先是处死李显的结发妻子，后来又逼得李贤退位，再后来又威逼李旦和太平公主，越来越多无辜的人直接或间接地死在她手上。

武则天恰恰是从李弘去世前后开始变得如此偏激的。

李弘的突然离世，让武则天必须重新投入战斗状态。

她的第一个敌人就是自己的二儿子章怀太子李贤。

第九章 "捡来"的太子

首先,纠正大家一个常见的误解:虽然武则天后来废了李显,但其实她对李显很好,也很疼爱他,因为李显是武则天当皇后以后的第一个孩子。在李显不到一周岁时,信佛的武则天就请高僧为李显灌顶,号佛光子,立为周王。

《龙门石窟记》里也记载了这一段:

> 西京海寺发僧惠简,奉为皇帝(李治)皇后(武则天)太子(李弘)周王(李显),敬造弥勒佛……殿下诸王,福延万代。

在这段史料里,李显和太子李弘是双主角,雍王李贤和相王李旦则被并入"殿下诸王",彻底沦为配角。

　　李弘去世后,李贤得到李治的支持,当上太子,而武则天是支持李显的。后来李贤被废,李显虽然不会是主谋,至少也不是什么可怜兮兮的小白兔。虽然史书上没有明确记载李显具体做过什么,可是从他和李贤的关系,以及后来对待李贤子女的态度上,还是可以管中窥豹。

　　李显和李贤年纪相仿,但感情并不亲睦,他和哥哥之间的竞争强烈得连大臣都能闻到火药味。

　　《资治通鉴》里记载了一件事,说有一次宫里举办宴会,李显和李贤各自带着自己的舞团分成东西阵,要一起斗舞。结果还没开始,大臣郝处俊就出来说话了:

>　　二王春秋尚少,志趣未定,当推梨让枣,相亲如一……恐其交争胜负,讥诮失礼……

　　意思就是这两位王爷再斗下去会起火的,还是坐下来和和气气地吃水果吧!

　　李治的反应是什么呢?

>　　上惧然曰:"卿远识,非众人所及也。"

　　"惧然"就是很害怕的样子。哎呦妈呀,幸亏你提醒我啊!

第九章 "捡来"的太子

两人同母所生,如果不是之前发生过摩擦,气氛不太对,斗舞这种文体两开花的好事至于让李治这么害怕吗?要知道那可是一个贵族天天打马球打猎的时代,比赛都是一种交流感情的方式。

如果这还不算什么,另外一件事就更加微妙了。

《旧唐书·王勃传》里说,沛王李贤和英王李显斗鸡,有胜有负。当时还是李贤门客的王勃为拍马屁,写了一篇《檄英王鸡》的文章。李治知道后,觉得他在挑拨李贤和李显的感情,就直接甩锅给他,让他从李贤府上滚蛋。可见李贤和李显之间的矛盾确实已经激化到了让李治很警惕的地步了。

当太子还是李弘的时候,这其实还不是太大的问题,顶多俩人以后少走亲戚就是了。可李弘死后,李贤当了太子,这种矛盾就从兄弟纠纷升级到了国家继承权的问题。

有人认为,历史上的章怀太子李贤是因为和武则天争夺权力,甚至到了针锋相对的地步,所以最后被武则天逼死。还有人认为,李贤压根就不是武则天的儿子,而是武则天姐姐韩国夫人的儿子。这种谣言从李贤活着的时候就有。

其实,李贤和武则天的矛盾,归根结底就只是因为,和李显相比,李贤简直就是捡来的。

"李贤不是武则天生的"这个谣言实在是没有根据。李治都敢娶自己后妈了,让大姨子怀孕又有什么值得掩盖的?李世民让寡居的弟媳妇怀孕就没藏着掩着,李治就算真的让韩国夫人怀孕了，也不是什么大不了的事，武则天也不会在意。

大家不要被电视剧洗脑，觉得后宫女人的脑子里除了吃醋就是宫斗，这种思维在后宫只能去倒马桶。实际上后宫也是战场，是要打配合的，姐妹姑侄共侍一夫都是很常见的布局，这样皇帝的床榻才不会有别人的位置。只要不触及自己的核心利益，后宫妃子反倒是喜欢这种配合。至少当皇后前，武则天都是非常乐意把姐姐往皇上床上推，以减少其他人的机会。

武则天不喜欢李贤，是因为他出生的环境太特殊了。

李贤出生于永徽六年十二月，武则天在由京师前往昭陵的路上生下了他。这个另类的出生环境一直被视作李贤是韩国夫人所生的有力证据，其实这恰恰是李贤是武则天所生的铁证。

武则天当时还是昭仪，正处于和长孙无忌以及王皇后对抗的最为关键的时候。

就在武则天怀着李贤的时候，王皇后的舅舅柳奭以皇后不得宠的理由请辞，以此要挟李治。不想李治二话不说地让他求锤得锤，直接把他罢免了，由此拉开了李治和武则天共同对付长孙无忌和王皇后的序幕。

到了永徽六年十二月，争斗到了非常关键的时刻，因为长孙无忌向李治撂了话："武昭仪不配当皇后！"

于是李治就得为武则天"正名"，所以他想尽各种办法，其中一项措施就是带着武则天去昭陵敬告太宗皇帝，好借着太宗的名义给武则天的正式身份"盖章"。

第九章 "捡来"的太子

这么关键的场合，武则天当然不能缺席，所以就算快临盆了，她也必须咬着牙去，结果半道上把孩子生下来了。

古代女人生孩子是一只脚踏入阎王殿，就算准备就绪，环境完美，都不会有什么好体验，而武昭仪是直接在路上把孩子生了。即便皇族会提前准备御医，当时前不着村后不着店，肯定没有在长安宫殿里稳妥。当时的生产环境，绝对使得这次生产成为武则天生育体验最糟糕的一次。

不是逼不得已，哪个女人会把自己放到如此惊险的环境里？如果李贤是韩国夫人的孩子，她完全可以留在京城待产，安安静静地把孩子生下来。韩国夫人又不需要得到太宗的"盖章"，何必拿自己和孩子的命去冒险？而武则天不一样，在那样骑虎难下的时刻，她一切都可以不管不顾。只要有一口气，她都要跟着李治去昭陵。

十二月的大冬天，在马路边上，武则天生李贤时的痛苦和危险程度可想而知的。更别说她生下李贤后，说不定身体还是软的，就得跟着李治爬昭陵，祭拜太宗。

不知道那天有没有下雪。

不知道武则天在痛苦中挣扎着生产的时候，有没有想过如果自己死在了这次生产，没能到一步之遥的昭陵完成这次祭拜，所有努力付之东流，会发生什么。

不知道她有没有想过，如果自己不能死在温暖的皇宫里，而是在路边像一条野狗一般死去，会是什么样的情形。

权力的困境：武则天和她的时代

不知道她有没有想过，就算有御医和宫人尽可能创造最好的出生环境，可出身卑微的武昭仪，像一个乡野村妇一般把孩子生在路边，会是怎样的耻辱。

不知道她有没有想起长孙无忌的嘲讽。难道她真的就是天生贱命吗？

这样糟糕的生产体验，直接影响了武则天对李贤的感情。

现代讲究优生优育，孩子数量少了，父母对孩子的感情特别珍惜。但古代讲究多子多福，一个女人往往会生很多孩子，哪个孩子让母亲舒心，母亲就喜欢哪个，艰难生下的孩子往往不被喜欢。春秋时的郑庄公就是因为母亲生他时难产，让母亲太受罪，结果得了个寤生（意思是难产）的名字，一直不得母亲喜爱。

所以，李贤与武则天的感情也并不亲睦，武则天一直更喜欢当皇后以后生下的儿子李显。而这直接影响到了武则天对李贤的信任问题，这也是她竭力废除李贤太子位的原因。

在我看来，李贤完全就是一个唐朝的郑庄公，只是他没有郑庄公的耐心，运气也差一点，老爹疑神疑鬼，老妈更是嗜权如命。

武则天对李贤的感情也和郑庄公的母亲武姜很像：就是因生产时的痛苦回忆而对这个儿子有心结，始终放不开，不喜欢，不信任。而这种对自己子女的偏见和厌恶，又让她们作为母亲那一面很愧疚，由此就会做贼心虚，特别担心儿子将来会报复自己的不公。

第九章 "捡来"的太子

李贤越出色,武则天的担心就越重,渐渐变成了一种恐惧。

在李贤当太子后,俩人在编书的事情上又怄上了气。

很多人认为李贤在《后汉书》注释里抨击武则天重用外戚,惹得武则天不高兴。不过这个说法不靠谱,而且会这么说的人肯定自己就没读过《后汉书》章怀注。

首先,李贤是注释《后汉书》,而不是修《后汉书》。大量抨击外戚干政的是南朝刘宋的范晔,李贤是在他的注释基础上对《后汉书》进行注音、释义还有校对的工作。

治学是当时每一任太子或意图当太子的皇子的例行政治工作,也是非常重要的形象工程。李承乾注了《汉书》,李泰主编了《括地志》,李弘主编了《瑶山玉彩》。

李贤选《后汉书》作注也不是针对武则天,而是因为汉学是隋唐朝的显学,也就是热门学科,大家都挤破头地学,剩给李贤的经典也不多了。而范晔这本《后汉书》干货多、文笔好,得到了当时汉学大师一致好评。所以李贤趁着热度,选择了注这本书。

其次,在李贤注《后汉书》的时候,武则天其实根本没有启用武姓家族。武氏最早被重用的武承嗣也是在光宅元年五月被启用的。在此之前,武则天和武家的关系真是用前世仇人形容都不为过,她对家族的厌恶绝对不是开玩笑的。

武则天当了皇后,曾给武家一家老小都封了爵位,她母亲荣国夫人就请武则天的族兄武惟良等人喝酒显摆。要正常人奉承两

权力的困境：武则天和她的时代

句就算了，结果武惟良他们直接怼了回去：

> 惟良等幸以功臣子弟，早登宦籍，揣分量才，不求贵达，岂意以皇后之故，曲荷朝恩，凤夜忧惧，不为荣也。

大白话就是：我们当官享福是因为祖上有功业，你们那睡来的，我们还不稀罕呢！

在别人请你吃饭的酒席上公开说这种话，搁谁谁不生气？武则天没立马抡起板凳抽他们，都算脾气好的。

谁要是觉得武则天对儿子狠，那一定是不知道她是怎么对族兄的。武则天毒杀魏国夫人后，让族兄武惟良和武怀运背锅，将他们诛杀，还把他们的姓改为蝮，也就是地上爬的毒蛇，以后他们子子孙孙都叫"地上毒蛇·某某"。

这还不算完，武怀运的嫂子善氏被抓进掖庭，武则天让管事没事就鞭打她，每次都打到见到骨头为止。不撞南墙不回头算什么，不见骨头不住手才是真的狠！

所以说，如果李贤选择《后汉书》来注真是为了影射外戚干政，武则天不但不会生气，还会觉得这是对自己的支持。她自己就编写过《外戚诫》献给李治表忠心。所以，武则天并不是为了《后汉书》的注释为难李贤。

其实，武则天和李贤的矛盾很像现在青春期男孩和母亲的关系，无非就是老妈老是唠叨，儿子嫌弃老妈唠叨。要说这些事能

第九章 "捡来"的太子

有多大,也真不是。可就是这些小事一点点积累出来的矛盾,再加上彼此的心结,最后因为某个导火索,矛盾就会完全爆发。

李贤当太子的时候是二十岁,年纪虽然也不小了,可依旧比较贪玩。这个问题从他当王爷时候的表现已经能看出来,斗鸡斗舞他都有份。可是当他成了太子之后,这个问题就成了德行的问题。

仪凤四年,东都洛阳发生饥荒,结果李贤还在北门"倡优杂伎,不惜于前,鼓吹繁声,闻于外"。百姓在门外挨饿,你在门里唱跳。当时的太子司仪郎韦承庆看不下去了,就上书劝谏。

武则天知道后,二话不说甩给李贤两本自己的畅销作《少阳正范》和《孝子传》,督促他专心学习武学。

可是学了没两天,李贤就又出事了。太子司仪郎韦承庆又跑过来告状:"太子搞同性恋啦!对方还是一个户奴,叫赵道生。"

即便唐朝很开放,但唐朝人对同性恋的接受程度也不高,他们认为这是很严重的失德行为,李世民就曾因为这个对李承乾不满。我们可以想象,武则天听到这个消息后心里有多恼火:你之前开宴会,我写教材给你让你好好学习,结果你读完教材又搞上同性恋,你这是打谁的脸?!

于是,她对李贤更加不满,对他也更加严厉。而李贤心里也很不高兴:我天天找事,还不是你逼的吗?

李贤当时在注《后汉书》,可是武则天编的书比他还多,不说质量，光是数量也够碾压他几个来回了。

当年李弘当太子的时候，武则天因为要借李弘的势，常常带着人和他一起编书，所以李弘编书的时候阵势是非常豪华的。而李贤当太子的时候，武则天已经是"二圣"之一，不需要再借太子的势，俩人就各编各的。

可实际情况是人人都去帮武则天写书，没人搭理李贤。当时，武则天召集了大批文人学士大量修书，先后撰成《玄览》《古今内范》《青宫纪要》《少阳正范》《维城典训》《紫枢要录》《凤楼新诫》《孝子传》《列女传》《内范要略》《乐书要录》《百僚新诫》《兆人本业》《臣轨》等书，这些帮武则天写书的人称作北门学士。

李贤这边就相当寒碜了，他身边除了宰相张大安，其余基本是无名氏。

好不容易有了认证，举办沙龙，结果亲妈空降来打擂台。而且她的嘉宾各个都是重量级选手。而自己这边都是无足轻重的人，还能再惨一点吗？

武则天此时已经有了自己的政治势力，像裴炎、刘仁轨等新进的大臣都是支持武则天的。而李贤身边的李家老臣如郝处俊、李敬玄、张大安等，则是真的"老臣"，一个比一个老，有人还是武德年间中的进士，当时李治都还没出生呢！

每次开会，李贤看到满堂都是白头的爷爷辈，真不知道是什么心情。

第九章 "捡来"的太子

两母子一个带着北门学士,一个带着夕阳红老年团,在朝廷上智斗写书,血洗大唐畅销书榜单。感觉那年洛阳的纸价应该会便宜不少。

但最终,明崇俨被杀案成为谁都没想到的爆发点,让武则天乃至朝野都胆战心惊,也成为章怀太子被废案的导火索。

第十章　妖道之谜

唐高宗李治是一名道教徒。道教是唐朝的国教，老子被认为是李唐王室的祖先。此外，道士们一直提倡的修身养性、炼丹治病的教义，也是身体不好的李治非常关切的。李治曾经将《道德经》列入科举考试科目中。他晚年还在身体非常糟糕的情况下三次前往道教名山嵩山祭天，直到去世为止。

明崇俨就是在这样的背景下，于乾封年间被当地的官员推举给李治。

明崇俨祖上是士族，父亲也喜好道教法术，所以他颇得真传。当时他名声在外，据说有一手可以治疗百病的奇技。而明崇俨来到李治身边后，真的把李治的头疼病治好了。李治大悦，所以非常依赖他。

第十章 妖道之谜

《旧唐书·明崇俨传》记载了一件事：润州栖霞寺是明崇俨祖先的老房子，李治特地为其定制碑文，并且亲自书写在石头上。

《旧唐书》还记载：

> 崇俨每因谒见，辄假以神道，颇陈时政得失，帝深加允纳。

就是说明崇俨每次进谏皇帝，都会假借讨论道教的名义，讲自己的政治观点。而李治对他的观点非常赞同，会接纳乃至全部同意他的意见。

仪凤二年，明崇俨担任正谏大夫，还得到李治的特令，入阁（皇帝的宫殿）供奉。这时明崇俨才三十岁！

李治头痛病发作的时候，史书上说他"目不能视"，疼得连眼睛都看不见了。李治再厉害，他也是人，明崇俨能治好他的病，他就真的把他当神仙看。别说给明崇俨封官位，疼得厉害的时候，让他把命给明崇俨都行。

把这层关系剥开来，我们就会发现，武则天宠信明崇俨是因为李治当时根本离不开明崇俨，而不是欧阳修在《新唐书》中所说的"明崇俨以左道为武后所信"，也不是司马光在《资治通鉴》里说的"明崇俨以厌胜之术为天后所信"。

"左道"就是邪道，"厌胜"意即"厌而胜之"，即用法术

权力的困境：武则天和她的时代

诅咒或祈祷以达到制胜所厌恶的人、物或魔怪的目的。武则天要是信这玩意儿，早就跟着明崇俨跳大神去了，还编哪门子书。

武则天对明崇俨是以礼相待，很信任他。但她作为一个佛教徒，对道士明崇俨的宠信并没有到李治的地步。

可对和明崇俨年纪相仿的李贤来说，性质就不一样了。

因为明崇俨有一则微妙的预言。

《新唐书》和《资治通鉴》都记载了一件事：明崇俨经常私底下对武则天说"太子（李贤）不堪承继，英王（李显）貌类太宗"，又言"相王（李旦）相最贵"。

很微妙的是不久后，宫里也传出了太子并非武后所生的谣言，这让李贤非常不安。

单从预言本身，这件事并不值得李贤不安。

李显和李世民唯一相像的地方，可能就是姓氏。要说外貌，亲眼见过太宗的李治和武则天都没说话，明崇俨能知道李世民长什么样吗？

再说，李旦的命运也不"贵"。他被软禁了那么多年，老婆也给老妈杀了，虽然后来当了皇帝，可皇帝的待遇也有高低之分。李旦作为皇帝，待遇绝对是中等偏下，再惨一点就是亡国君，这哪里贵了？

明崇俨这番话，直接受益人就是李显。说李显"类太宗"，即便只是形容外貌，那也是非常高的评价了。

说李旦"相最贵"，可是这个"贵"字就可以有不同的解

第十章 妖道之谜

释。而李显可以冲一冲太子位这层意思，在明崇俨的话里是很明显的了。

对武则天而言，三个儿子都是自己生的，谁当皇帝自己都是太后。但是以她好几年后还能在朝堂上对李显发威的劲来看，估计她当时也知道，自己还很健康。所以，她当太后，就绝对不能像在李治手下一样软弱。

前文也说了，李贤和她是有矛盾的。李显则一直是她比较喜欢的儿子，所以不排除明崇俨投其所好，故意这么说。

可是明崇俨为什么要扯上李旦，还说他"相最贵"呢？如果是武则天安排明崇俨和自己演双簧的话，只说李显就行了，完全没有必要提及李旦，尤其还特别说一句引人遐想的"相王相最贵"，一副让武则天做选择题的样子。

但如果理解为是李显收买了明崇俨，这就说得通了。

母子关系是相互的，武则天一直比较疼爱李显，所以李显也比其他兄弟更清楚母亲的心思。

武则天并不想让李贤当皇帝，那么李显和李旦如果自己想当皇帝，便可获得母亲的支持。但他们必须主动表示出愿意和武则天合作的态度，总不能让武则天找过来说："你哥好讨厌，我不要他啦！你们俩谁想当皇帝，我就支持！"

这是谋逆，是要杀头的！

李旦作为幺儿，之前一直存在感为零。他想当皇帝难度系数有点高，得先除掉身强力壮的李贤，再干掉备受疼爱的李显，太子之位才能轮到李旦。而李显不一样，他一直和李贤不对付，母亲更喜欢的也是自己，他和李贤竞争的动机是最充足的。

如果确实是李显收买了明崇俨替自己给母后表态愿意合作，那么他当然就不会直接对比太子和自己，把意图暴露得那么明显。李旦虽然最小，也是同父同母的亲弟弟，也是要提的。

"相王相最贵"，则是一种委婉的说法，也表现出自己谦卑的态度。这句话里很可能还有另外一层意思，就是李显向武则天承诺，假如自己不幸殉职，则相王为帝，武则天继续当掌权的太后。

而最重要的"英王貌类太宗"一句，就是向武则天表达，英王有想做皇帝的意思。

武则天是何等人物，一听就明白这话是在说英王李显愿意和自己合作。随后她就让人在宫里散发李贤乃韩国夫人所生的谣言。

为什么说是武则天传的谣言？因为《新唐书》和《资治通鉴》对谣言出现时间的记载是比较明确的，就是明崇俨和武则天对话前后。《新唐书》认为是其后，《资治通鉴》认为是之前，这完全取决于撰写者。

如果你相信李贤是武则天的孩子，那么谣言就是对话之后出现的。武则天获得了政治上有力联盟（李显）后，就要对亲儿子下手。

如果你相信李贤是韩国夫人的孩子，那么谣言就是对话之前

第十章　妖道之谜

出现的。武则天怕太子得知真相对自己不利，所以联合李显，先下手为强。

前文已经分析过，李贤绝对就是武则天的儿子，谣言更可能是明崇俨预言之后才出现的。

从政治斗争的角度来说，这条谣言对武则天废太子百利无一害。古代讲究立嫡立长，如果李贤不是皇后所生，他就不是嫡子，也就没资格当太子。这条谣言从根本上否定李贤当太子的合法性，甚至不需要武则天再去挑李贤的错。

李贤的不安就是基于这点。这条谣言不仅仅是挑拨他们母子感情，更是一种宣战的信号，是你死我活的太子争夺战的狼烟。

李贤对自己亲妈究竟是谁这点并没有太多疑问，但亲妈不喜欢自己，要把自己赶下太子位，他心里还是有点数的。

尽管如此，李贤是不是真的在情急之下动手杀了明崇俨，我依然深表质疑。

明崇俨的死亡时间和地点都非常明确，是仪凤四年五月，被盗贼刺于东都。盗贼的动机也很明确，就是前文提到过的仪凤四年东都饥荒。

古代发生饥荒，就会产生大量的流民，给当地治安带来了非常不好的影响。明崇俨身为四品下的官员，又深得皇恩，排场不小，被盗贼盯上其实并不是什么稀奇事。

但当时也有另一种声音，说明崇俨就是太子所杀。

《旧唐书》里是这么说的：

权力的困境：武则天和她的时代

> 时语以为崇俨密与天后为厌胜之法，又私奏章怀太子不堪承继大位，太子密知之，潜使人害之。优制赠侍中，谥曰庄，仍拜其子珪为秘书郎。

就是说，当时人们认为明崇俨和武则天行巫术，又私底下向皇上说李贤不能当皇帝。太子秘密知道后，刺杀了明崇俨。

但这种说法不太可能。李治有严重的头疼病，别人或许不知道，但已经担任过监国的李贤不可能不知道，他明白明崇俨对老爸的重要性，找明崇俨麻烦，就是自寻死路。

武则天更不会杀明崇俨，因为太冒险了。刺杀大臣本来就是死罪，明崇俨又是李治的救命药，她根本不敢碰。何况她已经和明崇俨有了默契，以后可以更好地拉拢李治，何必损了自己一张王牌。

所以，明崇俨之死很可能真的只是一个意外。

历史上有很多意外，这些意外看似改变了历史，其实不过是将迟早该发生的事提早或者延迟。

同样，武则天在确定李显站队后就一定要除掉李贤，唯一的问题只是时间的长短。

史书上一直强调武则天担心李贤会给自己带来危险，从而提前下手。正如前文的分析，武则天手中的文臣武将虽然无以对抗李治，但碾压李贤是没有问题的，谁怕谁还不一定呢。

身为太子的李贤手里的人这么寒酸，是因为李治的朝廷平衡

第十章　妖道之谜

策略。

武则天的势力得以不断扩大，恰恰是因为有李治支持。李治对太子的打压力度远远超过对武则天，配给李贤的夕阳红老年团已经很能说明问题。

况且，武则天其实并不是在李旦当皇帝时才被禅让，而是在李治时期已经被禅让过一次了。

《新唐书》说：

> 时高宗多疾，欲逊位武后，处俊谏止。

当时是上元二年，李治身体已经非常不好了，想要退位，让位给武则天，或是让武则天摄政。

如果李治的孩子们年纪还小，这听上去也还行。但事实上李贤当时已经二十岁，李显十九岁，李旦小点，也有十三岁。以古人的年龄来看，李贤和李显已经完全可以自己处理政事。无论是让位还是摄政，人选也应该是他们，可他们完全没在李治授权的考虑范围内。

面对这么有"诚意"的禅让，耿直的大臣集体反对。郝处俊站出来了："皇上，不行啊！皇位是不可以让的，就算要让也该让给儿子啊！"

皇上："哦，那就当一切没发生过！"

……

权力的困境：武则天和她的时代

说白了，这就是李治对朝廷的一次试探，君臣达成了默契：皇权依旧是稳定的，持久地在李治手里。

有人说，这只是武则天一次失败的逼宫行动，实际上她已经手握实权，不是皇帝胜似皇帝。但此事发生的第二年，李治就立了李贤为太子，并命李敬玄当中书令，而李敬玄正是太子李贤的人。武则天什么也没有说，也没能把当初阻止自己当上皇帝的郝处俊杀了解气，最后让郝处俊寿终正寝。如果说她不是皇帝胜似皇帝，这是不是太失败了？

事实上，李治一直到死都把权力牢牢地抓在手里。弘道元年，也就是李治去世那一年的三月，宰相李仪琰仗势欺人，逼着舅舅让坟地，李治知道后立马让他滚蛋。

大家可能会很奇怪，为什么李治宁愿扶持武则天，而不帮儿子。答案其实很简单，面对从未发生过的事，任何准备都是徒劳。

武则天登基称帝之前，没有人能想到女人也能当皇帝，而皇子谋反是宫里已经演烂的情节。

李治从没在哪本书里读到过皇后自己登基的情节，但他见过太极宫的李渊，看过东宫的李承乾，也接触过武德殿的李泰，对父皇李世民更是再了解不过。李治对于权力的控制欲是极强的，以至于他的太子能分到的权力不堪一击，危险来临时毫无抵抗能力。

明崇俨的死对于李治是致命的打击，他令大理寺及金吾卫协

第十章 妖道之谜

力严加惩办刺客和主谋者。连小说集《大唐新语》都有提到这个案件在当时引起的轰动,说三司会审时屈打成招的人数不胜数,连坐的人都是一片片的。

此时武则天把怀疑的目光投到太子身上,并不是说李贤的杀人动机有多强烈,而是武则天以一个政治家的敏锐,意识到这是一个非常好的对付李贤的机会。

李贤此时已经有点撑不住了,按照现在的说法,他是人在家中坐,锅从天上来,心态快崩了。面对流言蜚语和母亲的怀疑,李贤的心里是非常难受的。《旧唐书》说他"每日忧惕,知必不保全"。

他在太清观里作《宝庆乐》,通晓音律的李嗣真听到后都感慨:"这样欢快的曲子里为何充满着哀愁?"

如果一个人唱《恭喜恭喜》能唱出《二泉映月》的效果,估计这人的心已经是一片死海了。

李贤此时内心就是那么绝望。宫里传来谣言说自己不是母亲亲生的,宫外传来谣言说自己刺杀了父亲的救命医生。没有一件事是真的,却让他陷入了真真切切的绝境。

接下来的事是对李贤的致命打击:武则天"遣人发太子阴事,诏薛元超、裴炎、高智周杂治之,获甲数百首于东宫"。就是说武则天让人秘密告发李贤是明崇俨被刺案的主谋,结果大家在东宫一搜,发现东宫藏了数百领皂甲。

《唐律》规定：

> 诸私有禁兵器者，徒刑一年半……甲三领及弩五张，即处以绞刑。

按照算术，李贤能被绞上一百遍了。

他一个太子，是大唐帝国首位继承人，本身就有十率府的保护，为何要私藏那么多的皂甲？这不得不让人怀疑，他是不是要谋逆？

也许你会认为这是武则天陷害，其实并不是。李贤藏有皂甲是人赃并获，他自己也亲口承认了，并没有什么值得怀疑的地方。当时武则天的计划是逼着李贤的男宠赵道生供认太子指使自己杀死明崇俨。只凭这一点，已经足以让李治废除太子，而这条计划后来也得到了实施。但和私藏皂甲一事比起来，赵道生的故事简直一文不值。

可能连武则天自己都没想到李贤会和自己那么"母子连心"，主动挖了这么大一个坑，简直可以把李贤活埋了。对比之下，武则天给李贤准备的坑都只能算一个水泡子。

从数量来说，数百领皂甲不足以谋逆，最多能防身。明眼人都能看出来，只凭这数百领皂甲李贤根本逼不了宫，更别说谋逆了。可他犯法是事实，至于怎么处置，则要看李治和武则天的态度，这就有商量的空间了，李贤还有机会抢救一下自己。

第十章 妖道之谜

如果真是武则天要陷害李贤，根本不可能用"数百"这么尴尬的数量，留给他商量的余地。完全可以直接塞个几千领，让他辩无可辩，坐实他谋逆的罪名，一了百了。武则天是一个政治家，政治家对付政敌是不出手则已，一出手必定要斩草除根，永除后患，直接剧终，不会像后宫剧里演的那样给对方留条后路，拖个几十集，最后被他成功复仇。

从李贤的心态来说，为什么他要冒着危险私藏这些皂甲，其实也很好理解。自己的太子位岌岌可危，随时可能被杀死，私藏皂甲，危机时刻也许还可以拼出一条活路。

如何处理李贤，便成了李治和武则天摆在面前的难题。

《新唐书》是这么写的：

> 上素爱太子，迟回欲宥之，天后曰："为人子怀逆谋，天地所不容；大义灭亲，何可赦也！"甲子，废太子贤为庶人，遣右监门中郎将令狐智通等送贤诣京师，幽于别所，党与皆伏诛，仍焚其甲于天津桥南以示士民。

李治一直很喜欢李贤，想要赦免他，结果被武则天阻止了。最后李贤被废为庶人。

这也是李治一直被后世诟病的一点，要是他足够强硬，李贤还是能够抢救回来的。

为什么李治不阻止武则天？因为他此时无非是两个选择：

权力的困境：武则天和她的时代

一、保住儿子

可保住儿子之后，不会像电视里演的那样，直接进入"我们是一家人，幸福快乐的一家人"的大团圆结局。在这一场风波中，武则天表明了绝对不会支持李贤的态度，等于是和李贤直接撕破脸了。这就意味着李贤必定和母亲有一场生死决斗。即便这次被李治拦下，以后肯定还会发生。等李治百年以后，他们两争，就是引发朝廷的动荡。

如果坚持要保李贤，李治就要代李贤打这场硬战，除掉武则天，把武则天所代表的新兴平民势力压下去，这就意味着士族势力必定抬头，这是李治不愿意看到的。他花了一辈子时间打压士族，好不容易看到成效，无论如何也不能毁于一旦。

二、不保儿子，支持武则天选的人，也就是李显

李显由武则天自己扶持，但他也是李治自己的儿子。在李治看来，即便自己去世后，武则天会执政一段时间，那也是暂时的，最后她还是会把权力还给儿子。而武则天在扶持李显的时候，无疑能对士族势力进行进一步打压，这是李治所喜闻乐见的。

大家要明白，从西魏到隋再到大唐，士族的身影始终没有消失。所以我们经常会看到从南北朝到隋唐，皇帝已经换了人，但大臣还是那几家，士族当官当个十几代都是常事。于是打压士族就成了从隋文帝到李治都一直在贯彻的终极目标。李治给自己政治生涯定下的一个小目标就是实施科举，打破士族对朝廷的

第十章 妖道之谜

垄断。

支持武则天不仅是维护李治自己的小目标,更能保证自己百年之后,权力交接上不会发生太大的动乱。

所以李治思考了一下,扭头对李贤说:"孩子啊,爸爸是爱你的。一路走好!"

李贤被流放。

第十一章　章怀太子之死

在1972年出土的《章怀太子墓志铭》中，李贤的儿子李守礼是这么描述父亲被废一事的：

> 岂谓祸构江充，衅生伊戾？愍怀贻谤，竟不自明？申生遇谮，宁期取雪？

这里用了三个典故，分别涉及汉武帝戾太子刘据、晋惠帝愍怀太子司马遹、晋献公太子申生。

戾太子刘据是汉武帝和卫子夫的长子，在巫蛊之祸中被江充、韩说等人诬陷，因不能自明而起兵反抗诛杀江充等人。汉武帝误信谎情，以为刘据谋反，遂发兵镇压。刘据兵败逃亡，最终

第十一章 章怀太子之死

因拒绝被捕受辱而自杀。

晋惠帝皇后贾南风生了四个女儿,就是生不出儿子,太子司马遹不是她的亲儿子,她深恐太子即位后自己地位难保,便与贾谧等设计诬陷司马遹谋反,将他囚于金墉城,后徙许昌宫,派黄门孙虑将其杀害。

申生是晋献公与夫人齐姜之子,春秋时期晋国太子。齐姜死后,晋献公在众妾之中提拔自己喜欢的骊姬为夫人,并生下儿子奚齐。骊姬为使其子奚齐成为继承人,就诋毁申生。公元前656年,申生因骊姬的多次阴谋陷害,在新城曲沃自缢而死。

很多人推断说,墓志铭引用的这几则典故,是在说李贤和司马遹、申生的情况一样,所以李贤不是皇后武则天的儿子。问题是后两个典故还好说,第一则典故中的刘据明明就是皇后卫子夫的儿子。况且,司马遹和申生的情况也不一样。申生的生母齐姜本身也是夫人,只是死了而已。如果李贤的母亲是韩国夫人,那他本来就不应该是太子,被废也不冤,也就不该有这篇喊冤的墓志铭了。

大家要搞清楚一个逻辑,李贤能当太子是因为他母亲是皇后武则天,而不是因为他是李治的长子或者唯一的儿子。李治的长子是李忠,并且有三个庶出的儿子都比李贤大。当年李治要立萧淑妃的儿子李素节为太子,前提是王皇后没有儿子。而当王皇后收养李忠为养子后,除非萧淑妃当上皇后,否则李素节就彻底没有机会了。

如果李贤是韩国夫人的儿子,他天生就没有优先继承权,是因为被武则天收养才有机会。可解除收养关系其实也不是很难的事情。像李泰原本过继给李元霸,李世民后悔了又把他抱回来了;李世民原本把自己的儿子塞给李元吉做儿子,李治又把这个兄弟认回来了。如果李贤是武则天收养的,她要搞走李贤时直接解除收养关系就行了。

如果李贤不是武则天的儿子,根本轮不到他做太子,被废也是理所当然的,又有什么冤情呢?

和李贤情况最像的,的确就是第一个典故中的戾太子刘据。

首先,刘据是因为巫蛊之祸遭到诬陷,李贤也是因为明崇俨的预言遭殃;其次,他俩都是因为有不利于自己的谗言而不安;最后,他们都是因为出于自保的考虑,最后不能自清。

这三个典故其实都是在说父亲听信了谗言,最后害得太子含冤而死。所以这也说明,在李贤和其子女看来,罪魁祸首其实是李治而不是武则天。

同时,这篇墓志铭也反映了一个很重要的信息,就是李贤是自杀的。

其实李治是一个非常老练的政治家。如果细读历史,就会发现此人的手段是相当高明的。李世民是一个善用阳谋的人,而李治是一个阳谋阴谋一起上的厉害角色。尤其是废王皇后这件事上,最能反映李治性格中冷酷的一面和他高超的政治手腕。

既然要废太子就要废得彻底,于是李治大肆清理李贤残党,

第十一章 章怀太子之死

太子洗马刘纳言因为曾进《俳谐集》，被李治责备教坏太子，遭到流放。有人说是武则天在清除李贤的势力，其实史书上的主语一直是"上"，就是皇上李治。政治家就是政治家，对于输家是毫不留情的。

在太子被废案的余波中，李治充分展现了作为一个皇帝的冷酷。这个过程中还发生了一件人间惨案。

李贤的典膳丞高政被李治打发回家，让其父高真行自行训责。不想高政原以为的避风港却成了他的葬身处，一进家门，迎来的却是父亲的佩刀。高政被直接一刀割裂了喉咙，紧接着伯父高审行一刀刺穿了他的腹部，最后堂哥高璇砍下他的头颅，扔到了家门外的路边。

高家表忠心的暴行连李治都震惊了。他极度厌恶高家的所作所为，将他们贬到远方。也许因为高政的遭遇正是自己儿子的写照，这引起李治心底少有的愧疚。

李贤原本是皇帝的爱子，在当太子前，李治是如此喜欢他，甚至亲自指给李勣显摆。可当李贤成为太子，两人的关系就变质了。太子就如同父皇手里的棋子，可以随意抛弃。

李贤没有谋逆，不仅天知地知，更是父知母知兄弟也知，可是所有人都为了自己的利益，在权衡后把他给牺牲了。

不知道李贤在别所看着窗外时，内心是何等的痛苦。他自小不受母亲喜欢，但至少父皇是爱自己的。结果如今父皇也不要他了，就连自己最为宠爱的户奴也在最后背叛了自己，污蔑自己刺

权力的困境：武则天和她的时代

杀明崇俨。

　　此刻，他也许会羡慕李弘，至少李弘死的时候能以皇帝规格入葬，而自己仍像出生的时候一样卑微。他如同野草一般生在路边，最后也如同野草一般任人践踏，只能在路上凄惨地死去。

　　永隆元年八月二十二日，太子李贤被废为庶人。翌日，即八月二十三日，英王李哲（李显）被立为太子。前后相差一天，这一对相差一岁的兄弟，一个从太子变成了庶人，一个从王子变成了太子。

　　命运有时就是这么奇妙。

　　我们已经很难知道作为母亲的武则天对李贤离开京城是什么感受，但作为政治家的她应该是非常高兴的。她未来当掌权太后的战略宏图中最关键的一个位置终于空出来了，可以安排自己放心的人。

　　李贤不但从未得到过武则天的爱，更从来没有得到过武则天的信任。无论他多么出色，武则天从来不愿意正视这个儿子。

　　开耀元年十一月，李贤被废为庶人一年后，李治下诏将他流放到巴州。此时他年仅二十八岁，是三个孩子光顺、守义和守礼的父亲。因父亲被贬，他们随同父亲李贤一起被远谪。光宅元年二月，李贤死于巴州别宅，享年三十一岁。

　　临行的时候，李显派使者去看他们，发现他们行李单薄，处境凄凉。此刻春风得意的李显效仿当年父亲宽厚对待竞争对手李泰的做法，写下了一篇《请给庶人衣服表》，请求帝后能够给李

第十一章 章怀太子之死

贤更加宽厚的待遇。

从后来出土的墓志铭中，我们知道，李贤并没有得到所谓更加宽厚的待遇。

李显对李贤到底是真心纯善，还是假意施舍？

最清楚这一点的无疑是李贤的子女。在两份已出土的墓志铭中，李贤后人都不惜词藻赞美皇帝李治甚至是皇太后武则天，而对于李显，他们只用"当宸之帝"四个字一笔带过，可见一斑。

很多人以为李贤的平反是李显做的，其实不是。

李贤长子光顺于天授年间因参与谋反被诛杀，次子守义在垂拱四年最先病死，三子守礼在武则天称帝后被幽闭于洛阳宫中十余年，直至圣历年间才被放出来。

所以并不是后人以为的李显放了李守礼，给李贤平反，而是武则天和李贤后人达成了和解。相反，历史著名的和亲公主金城公主作为李守礼的女儿，年仅九岁就被李显送去了吐蕃。

李贤现在为人所知的谥号是章怀。"章""怀"二字都是很好的意思，文德远耀曰"章"，慈仁短折曰"怀"，但这个谥号是李旦而非李显给的。武则天给李贤的谥号是"悼"，意为肆行劳祀、恐惧从处，年中早夭，这充分地表达了武则天对儿子与自己决绝的痛恨。这个谥号在两份墓志铭中都没有被提及，可见李守礼并不接受父亲这个谥号，而李显没有改掉这个谥号。

让李贤从庶人恢复雍王爵位的，是武则天，而将李贤从雍王追谥为太子的，是李旦。

权力的困境：武则天和她的时代

李显为李贤做的唯一一件比较有价值的事，是把他的棺柩从巴州移到了长安，陪葬在乾陵。但对比李显自己那些同样死在武则天统治时期的子女，李贤的墓葬就显得格外寒酸，无论是墓葬的规格还是陪葬品远不如侄子懿德太子和侄女永泰公主。

至于李贤的死因，在墓志铭出土前，按照文献，大家异口同声地说是武则天派丘神勣逼迫李贤自杀，司马光甚至直接说就是丘神勣亲手杀的。

但《章怀太子墓志铭》出土以后我们可以发现，其实李贤的死是有一个过程的。

原文是这样的：

> 永淳二年奉敕徙于巴州安置。土船馀俗，遥然巴宕之乡；竹节遗黎，遏蛮寶之戍。贾生赋鵩，虽坦怀于化物；孝章愁疾，竟延悲于促龄。以文明元年二月廿七日终于巴州之公馆。

这里引用了一个典故，就是贾生赋鵩。

西汉贾谊做长沙王太傅的第三年，有一只鵩鸟（猫头鹰）飞入房间，停在他的座位旁边。猫头鹰像鹃，旧时被视为不吉祥之鸟。长沙低洼潮湿，贾谊贬居长沙后常自哀伤，以为寿命不长。如今鵩鸟进宅，更使他伤感不已，于是作《鵩鸟赋》抒发忧愤不平的情绪，并以老庄的齐生死、等祸福的思想以自我解脱。

第十一章 章怀太子之死

也就是说,当年李贤前往巴州的时候,已经想着自己可能活不久了。他在被废之前就曾弹《宝庆乐》弹出哀愁,如今遭到流放,周围又是蛮荒之地,心情就更加低落了。

"孝章愁疾",就是说李贤忧愁成疾,当时已经病了。

丘神勣前来的确只是一次例行检查,但这类检查往往带给流放王子很大的压力。后来李显被流放时,常常因为武则天派来监视的使者而要自杀,真的是兄弟同命。

后来李显被赶出去的时候远没有李贤那么抑郁,都已经要死要活的,更何况已经是有愁疾的李贤。

其次,按照时间来算,李显登基是正月一日,按照唐朝习惯,正月初一以后放三天假,初五上朝,处理政务。随后就会有官员向全国通报换新皇帝的消息。消息传到李贤这里,大概就是二月十日左右。而李贤是二月二十七日去世,也就是在丘神勣从长安来到巴州之前,李贤已经得知了李显登基的消息。

还是那句话:李贤是怎么被赶下太子位以及李显对自己到底如何,除了李贤本人以外,李贤的子女最清楚。

通晓文史的李贤非常明白太子之争失败者的下场。即便对亲人友善如李治,在自己继位后也禁止亲哥哥李泰奔丧,随后借长孙无忌的手屠杀了李承乾和李泰的残党,甚至连李世民随口提过的李恪都没有放过。

更何况李显和李贤关系并不亲密,从小争到大。

面对这样的弟弟成为皇帝的事实,谁都可以想象李贤未来的日子会有多凄惨。更何况李贤本来就已经忧愁成疾,他恐怕只会将自己的未来想得更加绝望。

而武则天让人去监视李贤的大概时间约为一月十三日左右,很可能是在新皇帝登基后,让丘神勣观察和监控前太子李贤,以防他有异动。

本来就惶惶不可终日的李贤看到丘神勣来监视自己,越发肯定自己的猜想,坚信武则天和李显绝对饶不了自己,与其被人折磨受辱至死,不如给自己一个痛快,于是自杀身亡。

其实,如果他能再坚持几十天,就能等到李显退位、李旦继位的消息传过来,那时他很可能就不会自杀,而唐朝历史又会是另外的模样。

但历史终究是没有如果。

李贤主动选择结束了自己悲剧的一生。

所以李贤当时唯一存活的子嗣李守礼会说李贤"竟延悲于促龄",李贤是抑郁自杀,并不是被谁所杀。

李贤的死让武则天非常愤怒,认为这是不孝,是对她的抗议,所以给了李贤一个恶谥——悼。

母子俩的心结一直到李贤死都没有化解。

开耀二年正月,正当李贤在巴州抑郁成疾的时候,李显的长子李重润出生。李治为了表达自己的喜悦,在李重润满月时,改年号为永淳,并且还破天荒地将这位襁褓中的孙子立为皇太孙。

第二年,李治去世,李显继承皇位。也就是弘道二年正月一日，李显以中宗即位，改元嗣圣。

李显从当太子一直到当皇帝，都在母亲的扶持下过得相当滋润，以至于有了一种错觉：自己登基之后可以为所欲为。

而此时远在巴州的李贤，不知道是否会想起自己还是太子时，在担惊受怕中曾经写下过一首《黄台瓜辞》：

> 种瓜黄台下，瓜熟子离离。
> 一摘使瓜好，再摘使瓜稀。
> 三摘尚自可，摘绝抱蔓归。

这首小诗冥冥中成为了他们兄弟的谶语，命运的车轮向前滚动，会将他们的命运一一履行。

李贤不知道，李显也不知道。

第十二章 "佛光王"上位

李显,出生于显庆元年十一月乙丑的长安。此时武则天当皇后刚满一年左右,永徽六年时她有多苦,这一年她就有多得意。

不仅父亲被封为了周国公,自己的大儿子李弘也被立为了太子。她当皇后生下的第一个孩子就是儿子,这更加证明了她才是天命所归的皇后。

李显的出生可以说是武则天最光辉的一次生育经历,并且这事被详细地记录下来,不过不是被史官们记的,是由大慈恩寺里的大和尚们记录的,因为玄奘法师与这次的故事紧紧相关。

《大慈恩寺三藏法师传》十卷中第九卷,记载了李显出生前后的种种细节,甚至具体到生日时间和出生时辰:

第十二章 "佛光王"上位

> 冬十月中宫在难。归依三宝。请垂加祐。

冬天的十月,武则天要生了,她担心自己会难产,便请求玄奘为自己祈福,祈求佛祖保佑。

玄奘立刻为她诵经祈福,并且告诉她一切都会好起来的,而且你怀的是个男孩。如果能平安生下,我就为他出家。当然,武则天不可能让李显还没出生就做和尚,这是说玄奘会收他为徒,为他向佛祖祈福的意思。

武则天很高兴,十一月五日赏赐给玄奘用金缕做的袈裟一件和其他杂物数十件。面对那么贵重的礼物,玄奘很是惶恐,赶紧来到宫殿里谢恩。此时大约是申时末,忽有一赤雀飞来止于御帐。

玄奘见了赶紧上表祝贺,说这是连羽族都被皇帝和皇后的贤德感动了,才会有此神迹。

这里我插一句嘴,历史上的玄奘大师远远没有大家以为那么清醒脱俗不造作。事实上他是一个很通透的人,是为人处事的高手,正所谓红尘作风,扶摇直上,潜心治学,古刹名寺,都不耽误。

皇帝李治还没来得及高兴,宫里就已经传来喜讯说皇后已经平安生下孩子了。这份资料里还描述了李显出生时的情景:

> 端正奇特。神光满院。自庭烛天。

整个院都亮了，李显也因此有了"佛光王"的称号。

李治本来就人逢喜事精神爽，刚刚除掉了老舅，除掉了老婆，拿回了皇权，还用一记全垒打将关陇集团和士族势力揍得一直在数星星，估计当时做梦都想夸夸自己真的好棒。

而正当他愁着怎么夸自己，玄奘这头就心有灵犀送来羽族锦旗——赤雀，新老婆更是给他献上了一枚华丽的勋章——自带光环的儿子。

显庆元年十一月五日这天，李治心情特别好，他立刻让玄奘给儿子祈福。

大家可能不知道玄奘当时在大唐佛教界的地位。本来玄奘在出国前已经是得道的高僧，回来以后更是成了全民偶像，李世民和李治父子俩都劝他还俗跟着自己做大官。可玄奘一心求佛，于是就在大慈恩寺里研究佛法。玄奘不在江湖，江湖却流传着玄奘的传说，他在佛教乃至整个大唐都有着天皇巨星一般的地位。

尤其是武则天受母亲影响，也是一名佛教徒。以她对玄奘的崇拜，不说是粉丝俱乐部的主席，追星的第一排位置里一定有她。

有玄奘为自己诵经祈福，武则天感动得不行，使劲送上礼物，把偶像都给吓到了。

李显生下来三天，玄奘又上书了，总而言之就是小皇子非常有福气，他是法王之子转世，如今平安生下，就要还愿了。于是，十二月五日，李显满月的时候，李治批准为佛光王剃度七

第十二章 "佛光王"上位

人,并请玄奘为佛光王剃发。随即,玄奘大庆佛光王满月,进呈法服,李显就算是他的徒弟了。

我有时想,为什么李显总能逢凶化吉,被扔到房陵都能平安归位,回来以后把朝廷给搅混得像一团星云那么乱,却还能得人祭拜,事后史官还争相帮他甩锅,因为他真的被大师开过光啊!

李显没出生已经被唐僧收为弟子,这真是诠释了什么叫赢在人生的起跑线上。

李显出生前后,整个佛教简直就像迎来一场大型盛事。所以,别说和李贤那个生在路边的倒霉蛋比,就是在大唐王朝的所有皇子中,李显的出生盛况也算是名列前茅的。

而这所有的一切其实都是属于武则天的荣耀。

武则天看着给玄奘开过光的儿子李显,内心是何等的激动,何等的自豪。所以,她为什么一直更加疼爱李显,也就不难理解了吧。

这不仅是儿子,更是她的功勋章啊!

从前文讲李贤的部分大家也可以看出来,少年乃至青年时的李显并不像大家以为的那般懦弱胆怯。自小便得到圣僧加持,还和太子并列接受祈福,要说他会自卑懦弱,你信吗?

事实上,年轻时候的李显还挺争强好胜,脾气上来时甚至还会很冲动。神龙元年,张柬之劝已复位的李显诛诸武时言:"主上昔为英王,时称勇烈。"说的就是青年时候的李显脾气并不好。

这一点，从他第一次当皇帝时和大臣直接对呛的场面就能看出来。真是本事不大，脾气不小。

李显是李治的第七子，武则天的第三子。他前头有两个哥哥，其实如果没有意外，也轮不到他坐太子的位置。

李显比较好玩乐，读书治学远不如李贤和李弘。其中一个事例，就是他当太子以后，李治请了著名隐士田游岩做太子洗马。后来田游岩却因"在东宫无所规益"被右卫副率蒋俨"以书责之"。

这个责备就是说李显读书没读出成绩，所以甩锅老师教得不好。田游岩是著名隐士，不是没水平的老师，李显成绩不好，肯定只能是他自己的问题。

不过李显别的不行，对母亲的服从还是非常彻底的。就在李弘去世那一年，也就是李贤被立为太子的前一年，李显的发妻赵王妃被武则天杀害了。

很多人都知道李显的皇后是韦氏，但很少人知道他之前还有一个发妻赵氏，又名和思皇后。

史书上记载的是，武则天因为嫉妒李治对常乐公主好，而常乐公主是赵氏的母亲，所以武则天迁怒于她女儿，杀了赵氏。

常乐公主是唐高祖李渊的第七个女儿，也就是李治的姑姑，她嫁给了左千牛将军赵瑰。李显娶了她的女儿，大家是儿女亲家了，亲上加亲，关系更好，这有什么问题吗？武则天为什么会厌恶她，乃至迁怒赵氏？

第十二章 "佛光王"上位

事实上,武则天杀过的儿媳妇不是只有一个赵氏,她后来也杀了李旦的妻子刘氏和窦氏。这三个人有共同的特点,就是他们的父亲或者祖父都是李家的女婿。

赵氏的母亲是李渊的女儿常乐公主,刘氏的祖父娶了宗室女平寿县主,窦氏的祖父娶了李渊的女儿襄阳公主。

他们都是李家的外戚。

武则天杀赵氏,就是她想彻底掌控李显的标志,她不希望李显的正妻是李家的支持者。这个行为也恰恰说明了她当时一心要扶李显上位,自己当掌权的太后。

汉代的吕后就有过相同逻辑的举动,当时她要太子刘盈娶自己姐姐的女儿张皇后。

其实,皇后这个位置真的不像电视剧里演的那样,要么天天喊着要生儿子,要么动不动想办法去打别的妃嫔的胎。管理后宫这群七嘴八舌的女人只是皇后工作内容中很小的一部分而已。很多时候,合格的皇后只需要把赏罚立威做到位,就几乎不用再管后宫女人,例如长孙皇后。

事实上,皇后是一个有实权,并且能对天下产生巨大影响的官职,是中国封建社会官僚系统中最重要的官职之一。

古有外事五权,内事五枚,就是皇帝主外,有五权,也就是治国五事。《逸周书·五权》载:

> 五权:一曰地,地以权民;二曰物,物以权官;三曰

权力的困境：武则天和她的时代

鄙，鄙以权庶；四曰刑，刑以权常；五曰食，食以权爵。

而内事五枚，是对应五权的监督和制衡。

权，从木从雚，本义是黄花木。因其坚硬、难以变形，被用于秤之杆、锤之柄、拄之杖。枚，从木从攵，木是枝干，攵是戒尺，"枚"的本义是宫中之树，是被用于监督、执杖王权的器具。

"五枚"其实就是支撑五事（五权）的财权总称，取梅花标识，均由王族中母系执掌，取其"母仪天下、艸盛上出"的意思，协助以父系为主的王族，进行对五权的管理、平衡。这才是皇后最主要的工作。

皇帝皇后掌握天下最大的权力，彼此联手，带着群臣斗智斗勇，共同治理天下，这才是真正健康理想的封建朝廷运营状态，如贞观之治就离不开长孙皇后的功劳。

所以皇后这么重要的岗位，当然不能轻易交给别人，于是这也几乎变成每一届封建政治斗争的必争之位。吕后要掌控刘盈继而完全掌控朝廷，所以她不可能允许刘盈的皇后来自其他势力家族。

武则天也抱着同样的想法，她也不会允许她未来傀儡皇帝的皇后是来自李家势力的家族。

回头看李弘，他的妻子裴氏是裴居道的女儿，出身庶民。裴居道祖上当过官，但不是士族。

第十二章 "佛光王"上位

裴居道这个人的官宦生涯很有意思,因为他靠着祖上的官和女儿当上了左金吾将军,然后就没下文了。直到武则天当太后执政后,他又"嚷嚷"地上位,一直做到了宰相职。而武则天当皇帝那一年,又把他给杀了。

这说明很早之前,裴居道已经是武则天的亲信,并支持她当太后,连李治都不知道这件事。也就是说,李弘活着的时候,武则天已经渐渐地控制了他的生活。如果李弘不死,继位当皇帝,他将面对的是前朝后宫都为母亲武则天所控制的局面。

李弘身体不好,与裴氏成亲两年没有所出,可能是没办法生育。因此,即便他当上皇帝,大概率也是弟弟继承大统。武则天为长远打算,决定要扶持李显,所以她第一步就杀了李显出身李家支持者的正妻。

李弘的妻子,武则天是精心挑选过的。形势转变后,李显要当太子,他的妻子不合适,武则天就要改变计划。京兆韦氏在初唐势力还不强,韦氏的娘家根本不值一提,也是武则天放心让李显娶韦氏的原因。

而李旦能够娶刘氏和窦氏,恰恰说明在李旦娶亲的时候,武则天就没想过让他当皇帝,李旦后来称帝完全是一个意外。

李贤也是同样的道理。他的妻子房氏的父亲是房仁裕,房玄龄的族兄,属于根正苗红的李氏家族支持者。但她没有死在武则天的手里,就是因为没必要。武则天根本没打算让李贤即位,房氏不可能当上皇后。

权力的困境：武则天和她的时代

历史上一直传说李贤和武则天之间的争斗是在争权，其实武则天已经是"二圣"之一，李贤则是一个刚刚走马上任的太子，屁股都没坐热，拿什么去和武则天斗？实际上，在他当太子之前，武则天已经决定要除掉他了，所以根本不需要专门对付房氏。

武则天杀李显的正妻赵氏，是一个必要的步骤，同时也是一种试探，她后来也用同样的办法试探过李旦。

李显面对武则天的试探，给出了自己的答案，就是明崇俨"貌类太宗，相王相最贵"这番话。这是母子达成的默契：我知道你想当实权太后，我愿意全力支持你。

李显对这个赵氏显然没什么感情，他复位后恢复了赵氏皇后的称号，但没有举行招魂仪式，甚至都没有去找她的尸骨，完全没有让她陪葬自己的想法。

这个年轻的夫人死得很惨，她是被困死在内侍省的女牢里，直到尸体腐烂才被发现。但这么凄惨，李显都不为所动。后来李显去世，韦氏作乱失败，大家不想让韦氏与李显合葬，就自发去找赵氏的墓地，结果因为时间太久已经找不到了，只能用衣物代替。

赵氏又没有像窦氏和刘氏那样被秘密杀害，只要李显自己有心，怎么可能找不到墓地的位置。

李显作为赵氏的丈夫，要么就是完全不在乎妻子的遗体所以不知道墓地在哪，要么就是知道墓地在哪但根本不想去找，不知

第十二章 "佛光王"上位

道哪个可能性更能显现李显的糟糕人品。

赵氏死时李显十九岁,赵氏自己可能还更小,十多岁的花季女孩就这样无缘无故地死于非命。武则天为了保住皇后位置不被外人占据,下狠手也就罢了。可是李显才十九岁,竟然也不念及"一日夫妻百日恩"的道理,就算后来再当皇帝也没想过让赵氏安葬,由着自己的发妻尸骨无存地做孤魂野鬼,最后还是李旦帮嫂子招魂陪葬。想想李显在这件事的所作所为,真是让人心寒。

事实上,他已经把发妻当成了一份投名状,献给武则天。他这种完全服从的态度,才是他上位的最终原因。

所以他上位后的翻脸,才完全出乎了武则天的意料。

第十三章　废帝风波

唐中宗李显被废除不过数日,有十余名飞骑士兵在坊曲里的小酒馆饮酒,这些日子可把他们折磨得够呛。见证皇帝从登基到被废的他们,也算经历过腥风血雨了。酒足饭饱之后,其中一位忍不住把这几日的郁闷借着酒劲倾诉出来:"早知入宫废皇上无勋赏,不如事奉庐陵王。"

庐陵王就是数日前被废的唐中宗李显如今的封号。此话一出,在场数位同僚连连点头。是啊,谁当兵不是为图个荣华富贵?

结果,酒席还未散去,一列禁军已经将他们团团围住。他们酒劲还没散去,人已经被扔进了羽林狱。等待他们的将是无穷无尽的拷打,监狱里充斥着血腥味和腐肉味,而这样的味道在接下

第十三章 废帝风波

来的二十一年都不会散去。

这些飞骑士兵被不间断地逼问拷打，甚至没有发现他们中少了一个人。这个人早就被授五品官位，现在正在家里抚摸着自己崭新的浅绯小朵花绣纹官袍。而在监狱里，无论是出于义气还是忠心，或是恐惧，始终没有开口出卖同伴的飞骑士兵，纷纷被处以绞刑。

几乎持续了整个武则天时代的告密之风，就从洛阳曲坊里一次小小的下班小聚开始，这就是著名的坊曲飞骑案。

飞骑，唐代羽林军军士之名。唐初，随李渊起兵太原的部分将士置北门（玄武门）屯营，所领兵号为"元从禁军"。李世民当皇帝后就把这支部队分置左右屯营，所领兵名为"飞骑"，隶属屯卫。李治又把左右屯营脱离屯卫独立，并且改屯营为左右羽林军，所领之兵一度改名羽林郎，后来改回旧名飞骑。

简单而言，飞骑就是皇家保安。从北门屯营始置到羽林军建立后的一段时间内，飞骑都是守卫宫禁的主要力量。一直到唐玄宗李隆基于开元二十六年改万骑为龙武军，地位驾于羽林之上，飞骑不再是北门军主要力量，它长期在唐朝宫廷政变中扮演的举足轻重的角色才就此落幕。

坊曲飞骑案表明，短短的五十五天的在位时间里，李显已经收买了一部分飞骑兵，让他们在太后与皇帝之间做选择。

大家不要太天真地以为李显一旦继承皇位，就天然拥有皇权。如果事情都是那么简单，也就没有所谓的宫斗了。即便有了皇位，权力也是要自己去争取的。

在李显当皇帝这件事上，李治并没有太大的信心，所以他的遗诏除了令裴炎辅佐新君，还加了一句"军国大事有不决者，兼取天后进止"。比起大臣们对武则天变成吕后的担心，李治反而放心得多。

吕后的兄弟吕释之有战功，在刘邦晚年时既有侯位也有实权，吕后的妹夫又是樊哙，吕氏家族在朝廷已经颇有势力。而武则天就算有心要做吕后，也没有家族势力可以支持她。

政斗不是比武，依靠的往往是势，而不是一人之勇，李治和武则天就是通过夺势赢了长孙无忌。如今，武则天并没有成什么势，同时，自己的几个儿子的年纪不能算是幼儿，谈不上什么子弱母强，这也是李治从头到尾没有想过防武则天的原因。

可以说，李治对太子的制约，导致了武则天得以掌控太子；同时，李治对大臣，尤其是士族的制衡，又导致裴炎这样的顾命大臣若是想在新皇帝这里站稳脚跟，除了和武则天合作外别无办法，毕竟皇帝和宰相从来都是矛盾的双方。

那么问题来了，武则天由谁来制衡呢？

李治给了一个答案：自然规律。

李显继位的时候，武则天已经是五十九岁了。按照古人七十古来稀的寿命，李治完全有自信和儿子说："忍个十年，你就自由了"。再过十年，继位时已经二十八岁的李显那时就是三十八岁，正值壮年，又有十年的朝廷见习经验，对战六十九岁

第十三章 废帝风波

的老妈，李显完全可以像电影里一样拍着胸脯大喊一句："优势在我！"

李治能把整个朝廷玩得溜转，让大臣和武则天在他手上就像小羊羔一样温顺，自然是一等一的聪明人。可再伟大的人也有盲点的，就连唐太宗李世民，临终前竟然也还在担心李治性格过于温顺。

历史就是那么喜欢开玩笑。李治替李显布好了局，可大家都知道，李显最终在母亲手上败得一塌糊涂。

话说回来，其他人未必懂得布局，但看清局势还是能做到的，尤其是那些能混到顾命大臣的人精们。

李治一死，裴炎就知道自己最应该结盟的并不是李显，而是武则天。因为对于皇帝，防备顾命大臣，防备宰相，防备士族，几乎都成了本能。而李显上位后，武则天娘家势力薄弱的巨大缺陷也暴露了出来。

之前就说过，皇后并不仅仅是皇帝妻子，在封建社会，她是仅次于皇帝的重要官职，拥有仅次于皇帝的权力。正是因为皇后握有巨大权力，才会导致外戚能对朝廷产生巨大影响，就像宰相也一定会有自己的党羽。只是外戚有血缘关系，党羽没有，但他们本身都是朝廷最高权力的衍生。

武则天因为当了皇后，才能聚集北门学士。现在她成了太后，虽然能一定程度上掌控皇帝，但也代表了她必须要让出皇后的位置。

而有了新的皇后，也就有了新的外戚。

关于外戚，长孙皇后看得很明白："妾家以恩泽进，无德而禄，易以取祸。"

其实就是说，外戚的基础是皇室联姻给予皇后的权力，来得快，去得也快。

武则天成为太后，要做的第一件事就是加固自己的权势，以防止新皇后带来的新外戚。事实上，防范于未然的她已经杀了李显的发妻赵氏，防止李家外戚势力的巩固。

出于对各自权势的维护，在新帝登基后，武则天就有了和裴炎结盟的需求，更何况裴炎本来就是她的人。

这样的情况其实在康熙皇帝身上也发生过。大家都知道康熙擒鳌拜，但其实鳌拜能够成四大辅臣之首，背后的扶持者恰恰就是孝庄太皇太后。

作为顾命大臣的裴炎其实从一开始就没想过好好辅佐李显，于是在李治去世三天后，他就上书说："太子未即位，未应宣敕，有要速处分，望宣天后令于中书、门下施行。"这可以看成裴炎和武则天的一桩政治交易。

要知道在李治打压士族的时期，像裴炎这样的士族子弟日子并不好过。裴炎能上位，也是因为他作为李贤案的主审之一，毫不犹豫地打压李贤，给武则天留下深刻的印象，才得到后来步步高升的机会。

裴炎和刘仁轨、薛元超三个宰相是唐高宗时代的三位重臣。

第十三章 废帝风波

李治驾崩于洛阳，薛元超抱病前去赴丧，但回家休养没几天，就跟着李治的脚步上了黄泉。刘仁轨作为军事力量的代表，一直留守京师。随太子奉召赴东都的裴炎就成为资格最老权力最大且唯一在洛阳的宰相，也就成了李治唯一的顾命大臣。

但大家可以看到，裴炎之所以能够成为李治遗诏里唯一的顾命大臣，是因为从时间和地理角度来说，他是当时唯一在洛阳还能继续干活的重臣，而并非因为裴炎的权势真的到达了一人之下万人之上的高度。

也就是说裴炎的实际权势并不足以支撑他这个顾命大臣的位置，他想要坐稳并继续坐下去，首先也是最重要的任务就是减少竞争对手，也就是让皇帝尽量别搞事。

要想皇帝别搞事，最好的办法就是让太后掌权。

于是，他的建议让武则天大权在握。事情的发展也确实如裴炎所料，让自己宰相的权力也得到空前膨胀。

三省六部制很复杂，简单而言，就是"中书取旨，门下封驳，尚书奉而行之"。唐初，政事堂建在门下省。李显继位，裴炎改任中书令，并将政事堂由门下省移到中书省，由宰相主持的定期朝政会议议决一切朝廷大事。如果不是"天后令于中书、门下施行"，裴炎很难办到。

其实李显面对的是和李治当年极为相似的政局，都是后宫和朝廷勾结，自己只能做一个傀儡宝宝。

当然，是个皇帝都不愿意做傀儡。所以，李治借着废王皇后的机会扶持武则天，打压长孙无忌。李显先是学了李治宽厚对待李泰，随后也就开始像模像样地学李治扶持他的皇后韦氏。

可是他只看到了李治扶持武则天，却没意识到李治能够这么做的前提是有李勣和寒门子弟支持。

寒门并不是指贫民，而是指寒微的门第，也就是门第势力较低的世家，又叫庶族，是相对于豪门也就是士族而言。

李治能够破局靠的全是借力打力，而且他也不是一次就成功，是从贞观二十三年到永徽七年，整整历时七年才打破僵局。

李治一开始就知道自己的皇位是怎么来的，所以在皇位还没坐稳的时候，先和舅舅荣辱与共，一起干掉皇位的威胁者。皇位稳固后，他再扶持被舅舅打压的武将李勣和寒族子弟，借立武则天为由，将长孙无忌手下不稳定因素聚集到自己旗下，化为自己的势力。最后他稳定了李勣所代表的军权，才一举拿下大权。步步为营，稳扎稳打。

李显也不看看自己是怎么上台的，就想一口气吃个大胖子。短短的五十五天里，他完美地避开了所有的正确答案：

> 春，正月，甲申朔，改元嗣圣，赦天下。
>
> 立太子妃韦氏为皇后；擢后父玄贞自普州参军为豫州刺史。
>
> 癸巳，以左散骑常侍杜陵韦弘敏为太府卿、同中书门下三品。

第十三章 废帝风波

中宗欲以韦玄贞为侍中,又欲授乳母之子五品官;裴炎固争,中宗怒曰:"我以天下与韦玄贞,何不可!而惜侍中邪!"炎惧,白太后,密谋废立。

《资治通鉴》这136个字写尽了李显的忘恩负义和愚不可及。

当时朝廷上,有这么几股势力,分别是寒族代表亲娘武则天,士族代表裴炎,武官和李家支持者刘仁轨,还有弟弟李旦。

可以说经过李治几十年的经营,留给李显的朝廷上几股势力彼此制衡,除了出身卑微的武则天没有受到打压,其他势力基本都难翻出大水花。即便面对武则天,李显如果选择支持其他任一势力,引起两虎相争,自己也能坐收渔利。

也就是说,当时朝廷上这几股势力,李显选择支持任何一股,至少都能稳住皇位,这是一道没有错误选项的选择题。结果,李显硬是创造了一个错误选项。

他选择了支持外戚,选的还不是武则天的亲戚,而是自己老婆的亲戚京兆韦氏。问题是京兆韦氏在唐朝初期混得并不好,基本是靠嫁女儿维持影响力。再加上李治时期对士族的打击,京兆韦氏混得更是凄惨。这也是为什么武则天会那么放心地让韦氏做太子妃乃至皇后。

而李显一上台就不断地给韦氏开后门,尤其是韦后的父亲韦玄贞。

在这之前,朝廷上的人听到韦玄贞的名字,第一反应会是:

权力的困境：武则天和她的时代

"这谁啊？"

韦玄贞原本是一个普州参军，顶多七品官，结果一个月时间升到了侍中、门下省长官，位正三品，与尚书仆射、中书令同居宰相之职。这个位置和裴炎都是同级别了，这相当于从县长一下升到了国家领导人。

这后门开的那么宽，结果可想而知。

裴炎干了多少事，做了多少交易，好不容易才拿到了中书令。韦玄贞一个七品芝麻官因为嫁女儿，就升到和裴炎一个级别，李治都不敢这么干！

武则天被立为皇后，李治也只给他们家亲戚爵位而不是官位，一方面是防止外戚干政，一方面也是为了避免引起其他势力的眼红和抗议。

李显这么明目张胆地拉帮结派，裴炎这只老狐狸会不知道他想做什么事吗？他当场就反驳李显，这其实是给李显最后的抢救机会。想不到李显毅然决然地自己拔掉输氧管："我就是把整个天下给韦氏，有什么不可以吗？"

李显这时是一心要横着走。裴炎没有长孙无忌根基深，他憋着一肚子气，只能第一时间就去找帮手武则天。

《资治通鉴》是这么说的："炎惧，白太后，密谋废立。"大家一直以为李显废立是武则天一个人说得算的事，其实这是大臣集体的默契。

李显刚上位就急于开创自己的势力，要从已有的朝廷势力里

第十三章　废帝风波

强行分一块蛋糕，没有一个人会同意的。

李显上台五十五天被废，时间之短令人咂舌，其实历史上还有一个人和他遥相呼应，可谓青史册内有知己，同是天涯沦落人。

这就是海昏侯刘贺。

班固《汉书·霍光金日磾传》记载刘贺即位二十七天所做的一千多件荒唐事中有这一件：

> 取诸侯王、列侯、二千石绶及墨绶、黄绶以并佩昌邑郎官者免奴。变易节上黄旄以赤。发御府金钱、刀剑、玉器、采缯、赏赐所与游戏者。

说白了就是大肆册封和提拔自己的亲信，企图在朝廷里树立自己的势力。这就动了所有人的蛋糕，于是霍光统领全臣商量废除刘贺，然后"白太后"，再由上官太后下旨废除刘贺。

短短数日，刘贺的臣子被阻隔在墙外，他一个人在墙内不知所措，还以为是自己的臣子做错了什么事。当时他甚至不知道自己被废除了，直到听说太后要传召自己，刘贺才知道自己大祸临头，连连发出质问："我做错了什么？我到底做错了什么？"

千年后，当武则天带着禁军冲上大殿，宣布废除皇帝，并把坐在宝座上的李显给扶（拖）下来的时候，李显看着面前白发的太后，平日里最为疼爱自己的母亲，也问出了同样的话："我何罪？"

历史的泥印子就是这么相似，肯定是同一家公司出产的车轮。

不知道当时武则天的心情如何。自己费尽心机扶儿子上位，辛苦程度不下于霍光，可是儿子干了一堆蠢事之后，竟然还能一脸无辜地看着自己，问"我何罪"。

李显真的不知道自己何罪吗？

就像现在通过对海昏侯墓的考古发掘，我们也发现刘贺非但不像我们所想象的那样昏庸，反而是个研习儒学、知书达理而且颇有抱负和野心的人。也正是这份野心让他在短短的二十七天就被霍光赶了下去。李显当然也知道自己做错了什么。

其实如果认真分析当时朝廷的局势，会发现李显还不具备完全自立的条件。

裴炎已经是武则天的人，李显是清楚的。

刘仁轨位高权重，而李显当了几年太子，一无功业二无实权，如果依靠刘仁轨，自己无非是从母亲手里的傀儡转而变成另一个人手里的傀儡。

至于李旦，李贤是怎么被自己和母亲的共同努力挤下去的，李显清楚，李旦也清楚。李旦愿不愿意和李显合作是一回事，李显信不信得过李旦又是另一回事。再说李显又怎么可能会兑现当年"相王相最贵"的诺言。当时李显还没儿子，所以能开空头支票。现在自己有儿子了，别说和弟弟联合，没搞死他以绝后患都只是因为暂时办不到。

当年，李泰投入李世民的怀里时也曾信誓旦旦地说，自己会

第十三章 废帝风波

杀了儿子把位置传给李治,把李世民感动得一塌糊涂,还和大臣炫耀。还是褚逐良及时提醒,才让李世民反应过来青雀这是在坑爹。而李显则在做同样的事,不同的是他是在坑妈!

李显给老婆亲戚开后门,不仅是因为不想为母亲所掌控,更是因为不想兑现当年和母亲之间的诺言。

正是因为朝廷上任何一股势力他都没办法掌控,而他又要想着自立,所以打算另辟蹊径,这也是没有办法的办法。然而,他不仅在朝廷上收买人心,发展势力,竟然还收买飞骑军,这是最伤武则天心的。

飞骑军负责守卫皇宫内院,李显收买他们如果不是为了政变,难道是为了让他们替自己去东西市取胡饼外卖吗?而李显策划宫廷政变,针对的是谁,也同样昭然若揭。

李显的所作所为是对作为母亲和太后的武则天的双重背叛。武则天那叫一个气啊,带着人冲上殿,当着文武百官就把李显给废了!

所以面对李显的问题,武则天回答说:"汝欲以天下与韦玄贞,何得无罪?"

你要把天下给韦玄贞,这不是罪吗?

作为儿子,你欺瞒母亲,企图政变,谋害于我,是谓不孝!作为皇帝,你无视百官,专横跋扈,谋天下为私利,是谓不仁!不仁不孝,不废你废谁?

一直由自己扶持起来的李显一上位就想着背叛乃至谋害自

己,这使得武则天对扶持儿子上位、自己当太后的策略已经基本绝望了。年长的儿子根本不可能配合自己当傀儡,自己一不小心就会落个长孙无忌的下场,能到冷宫退休都算李治保佑。

此时,李旦已经快二十二岁了,同样不可能长期为自己所控。而武则天自己也有六十岁了,现在也生不出小儿子。何况朝廷上,武氏几乎无一人担任重要官职。你再厉害,也斗不过时间,斗不过岁月。

现在武则天要不然认命,继续当一号马仔,扶持儿子上位后,乖乖退到后宫养老;要不然破罐破摔,由着别人蹬鼻子上脸,给他人做嫁衣裳。比如一心学霍光的裴炎,在扶持新帝登基后已经一家独大。

可武则天真真是一个神人。面对这样的绝境,她在没有条件的情况下硬是花了六年时间创造条件改天换地。

也正是从这个时候开始,武则天已经下定决心,既然没有傀儡给自己控制,那就干脆亲自上场。

李显被废后,被封庐陵王,被发配房州时,他的妻子韦氏生下了小女儿。李显行李单薄,一时竟然找不到给女儿的襁褓,只能脱下自己的长袍将女儿裹住保暖,所以这个女儿就被取名为李裹儿。无论这个女儿后来做了多少恶事,她此刻的到来的确带给落魄的李显一丝喜悦。

而在宫里即位为皇帝的李旦并没有举行登基仪式,甚至还住在别殿。他没有去送别李显,而是静静地坐在宫殿里,淡淡地看

第十三章　废帝风波

着一切。

李旦出生的时候，是六月艳阳天。当时，武则天已经三十八岁了，是不折不扣的大龄产妇。

李治对这个儿子的出生还是很高兴，李旦出生的当月，他就令僧、尼、道士、女官致敬父母，为小皇子祈福。李旦满月的时候，李治还赦天下。

李旦一开始其实叫李旭轮，估计是按照他出生时辰给取的，亦即太阳刚刚升起时出生的孩子。后来，估计李治和武则天自己也觉得这个名字取得太随意，就去掉了"旭"字，改叫李轮。

很多人认为李贤不是武则天的亲生孩子，其中一条依据就是武则天几个孩子，除长子李弘外，李显、李旦的名字里都有"日"字，而李贤没有。其实李旦早年的名字李轮也没有"日"字，而李显也曾中途改名叫李哲，同样也没有"日"字。

李旦活了五十四岁，大半辈子用的名字都是李轮。他十六岁时，李治和武则天把他的名字改成了李旦，后来他被赶下皇位的时候，李轮这个名字和他再续前缘。

比起李显，李旦小时候就属于比较文静、好学的那一类。《旧唐书》说他"谦恭孝友，好学，工草隶，尤爱文字训诂之书"，就是说李旦从小就很乖，喜欢读书，草书和隶书写得很好，尤爱文字训诂之书，也就是解释古代汉语典籍中字句的书。李贤注《后汉书》就是训诂学的学术研究。

可以想见，李贤当太子时注《后汉书》，十三岁的少年李

权力的困境：武则天和她的时代

旦——不，这时还叫李轮——是带着怎样的崇拜眼神看着这个在训诂学方面造诣颇深的哥哥。

李旦有多喜欢训诂学呢？我们来看看他做相王的时候留下的诗歌《石淙》：

> 奇峰嶾嶙箕山北，秀崿岧峣嵩镇南。
> 地首地肺何曾拟，天目天台倍觉惭。
> 树影蒙茏鄣叠岫，波深汹涌落悬潭。
> □愿紫宸居得一，永欣丹扆御通三。

我都怀疑缺字就是因为笔划太多，工匠给刻糊了。

同题的诗，时为太子的李显也写过一首：

> 三阳本是标灵纪，二室由来独擅名。
> 霞衣霞锦千般状，云峰云岫百重生。
> 水炫珠光遇泉客，岩悬石镜厌山精。
> 永愿乾坤符睿算，长居膝下属欢情。

两相对比，是不是就感受到李旦对复杂文字的喜爱和李显对文科学渣的友好了？

要知道中国古诗那么多，只有唐代李旦、金代曹之谦和清代钱谦益三个人用过"嶾嶙"这种看起来都不知道怎么读的词来形

第十三章 废帝风波

容高耸突兀的山峰,而其中第一个使用的人就是李旦。没错,这个词就是李旦自己造的。

现在我们知道武曌造字造词的癖好遗传给谁了。

我每次读到这个词,都能想象到李旦写这首诗嘴角满意的微笑、周围人的一脸茫然,以及旁边负责记录和雕刻的侍从深深的怨念。

李旦对比起李贤和李显,在政治方面一直都没有什么存在感。最值得一提的就是《旧唐书·高宗本纪》上的一条记录:

> 上谓霍王元轨曰:"又男轮最小,特所留爱。"

就是说因为李轮是小儿子,所以李治要特意留在身边疼爱。这也仅仅因为李旦是幺儿,并非他有什么值得称道的才能。而李治夸奖李贤,是有过长篇大论:

> 此儿已读得《尚书》《礼记》《论语》,诵古诗赋复十余篇,暂经领览,遂即不忘。我曾遣读《论语》,至"贤贤易色",遂再三覆诵。我问何为如此,乃言性爱此言。方知凤成聪敏,出自天性。

但从另一方面来说,李旦也从未像哥哥们那样,因为斗舞斗鸡、读书不用功、乱搞男女关系之类的事情让父母头疼。

权力的困境：武则天和她的时代

如果实在要说相王李旦有什么特别的，那可能就是特别可爱，以至于紧紧地抓住了李治和武则天的心。

《唐会要》记载：

> 乾封二年。殷王改封相王。令发向单于。王奏曰。儿朝去暮归得乎。上曰。去此二千里。辛未得来。王曰。不能去阿母。矜其小。竟不遣之。

乾封二年，年仅六岁的李旦被封为相王兼单于大都护。按照规矩，他要去单于府报道。李治当然不可能真的让自己才六岁的宝贝儿子去那么远的地方，可李旦是一个很老实的小朋友，听了很担心，就问李治："爸爸，我早上去，晚上赶得回来吗？"

李治估计想逗逗儿子，就一本正经地回答他："那里离这有两千里远，你晚上肯定赶不回来的。"

李旦当场瞳孔地震，立刻嗷嗷地哭："我不要离开妈妈！"

结果李治当然就没让他去。自此之后，只要给相王府安排官员过去，李治都要特别提一句："相王，朕之爱子。"

由此，我们也可以看出，李旦小时候和武则天的关系非常好。我甚至猜想，武则天很可能每天晚上都会抽空去陪他，所以幼年李旦才会因为"晚上回不来就见不到妈妈"而着急。

李治和武则天两口子估计也是被小儿子的软萌戳中红心，后来不但没让他远行，甚至直到他已经成人还把他留在宫中。就连

第十三章　废帝风波

武则天称帝，她也是宁愿派人监视他，却依旧把他留在身边，不知道这算不算是一种畸形的爱了。

李旦不负父母厚望，一直是皇家乖宝，很乖很听话地读书，直到二十二岁，老妈把他从书房里拖出来当皇帝。

在武则天当太后这六年时间里，李旦和他之前的人生一样，一如既往地做武则天的乖宝宝，在政坛上依然像个透明人。用朱自清的一句话来总结：热闹是他们的，我什么也没有。

但其实他也不是完全没有动作，为人所知的就是"二让"：686年，武则天要还政于他，他拒绝，让武则天继续执政；690年，李旦直接让位给武则天，让武则天当皇帝。

690年那是走过场，李旦不让也得让。那么686年，武则天要还政于他，他又为什么不接受？

现在我们已经很难知道，那个"妈宝"的李旦究竟是从什么时候开始对武则天保持距离和警惕的。

无论是李贤还是李显当皇帝，对李旦来说并没有太大的不同。他始终是他们的小弟弟而已，既然这两个哥哥都身体倍棒，他可以说是稳坐亲王位。可是他无论如何都没想到李显会整这么一出乌龙，让自己被迫当了一个没有举行登基典礼的皇帝。如此敷衍的上位，似乎也注定了他在这个位置不会长久。

李显退位后，武则天夺权的路上障碍重重，她需要一个暂时的掩体帮助自己暗度陈仓，这个掩体就是李旦。武则天将李旦当作自己夺权的棋子，用得理所当然。在众多子女中，她对这个

权力的困境：武则天和她的时代

儿子的苛刻和残忍程度不逊于对李贤。她虽然剥夺了李贤的太子位，但终究没有在李贤在世的时候就对他的家人下杀手。可对李旦，她却杀了他的妻子，囚禁了他的儿子，放任武家人和酷吏对李旦百般凌辱。

武则天似乎吃定了李旦永远不会背叛她，永远都会服从她。

也许在她眼里，李旦永远都是那个不能离开她的孩子。

事实真的是这样吗？

在李旦第一次当皇帝的六年里，他确实是这样的。

垂拱二年三月以后，各州各地方的街上都放置了一个铜器。它成为了后来数十年内最让朝政恐惧的事物，这就是铜匦。

这是鱼保家制造的一样神器，传说它有四面，其东曰"延恩"，献赋颂、求仕进者投之；南曰"招谏"，言朝政得失者投之；西曰"伸冤"，有冤抑者投之；北曰"通玄"，言天象灾变及军机秘计者投之。

司马光就实诚多了，一句话总结到位：

> 其器共为一室，中有四隔，上各有窍，以受表疏，可入不可出。

这就是一个告密箱！

武则天还特地下了一条规定：

第十三章　废帝风波

> 有告密者，臣下不得问，皆给驿马，供五品食。

"五品食"的标准为每日细米二升、面二升三合、酒一升半、羊肉三分、瓜两颗。这套餐有肉有饭有面有饮料，还有餐后水果，在那个人能吃饱就算幸福的年代，这就是米其林自助餐。

就这么个死物都比李旦在武太后六年的时光里更有存在感。

可当武则天将李显拉下皇位，准备大刀阔斧地走向自己新天地的时候，她绝对不会想到，自己这个最安静无害的小儿子会是自己后半生的最大对手。

李旦不像李弘那样早早就懂事，也不像李贤那样从小就天资过人，更不像李显那样贪玩和坏脾气，甚至还不像妹妹太平公主那样调皮。

李旦看起来是如此的安静，在历史上他的形象一直是软弱的、懦弱的甚至隐形的，还被戏称为"六味地黄丸"。可在后来的神龙政变里，当李显在武则天面前唯唯诺诺时，是他带着南衙兵马把张易之的同党抓拿入狱。即便武则天将他软禁，还有一批死士愿意为他献出生命。

当他的家人被杀的时候，他依旧那么安静。直到后来大局已定，他才为他们招魂，将他们早早安排在自己陵墓的身旁，将所有的账一笔笔清算。

只是他复仇的对象，就是那个他年幼时一个晚上都离不开的人——他的阿母，武则天。

第十四章　裴炎的背叛

很多人其实都有一个疑问：为什么武则天明明篡夺了李唐的江山，却依旧能得到李唐皇室的供奉？

唐玄宗李隆基的母亲就是被武则天杀害的，李隆基本人还被她囚禁，可他始终只是恐惧后宫干政，对武则天本人却没有太多的怨气，至少没有他父亲李旦那么多。在总结武则天"革唐之命"这件事时，他甚至用了"受托从权，当宁化治"这样正面的评价。

这是为什么呢？难道仅仅是因为武则天是他的祖母吗？

其实要搞清楚这个问题，关键就在于搞清楚武则天是从什么时候开始准备——准确来说，她是从什么时候开始决定自己当皇帝的。

第十四章　裴炎的背叛

684年2月，李显被废，当月，李旦就登基为帝，改年号文明。

684年9月，李敬业在扬州起兵，反对武则天。

一开始，李敬业说要扶持庐陵王李显，可是李显这家伙都过气大半年了。李敬业见李显的名号没什么号召力，就又找了一个和李贤长得很像的人，说李贤没死，自己要扶李贤。

李显是大家一起赶下去的，你打他的名号，朝中大多数大臣都会站出来反对你。比如裴炎听到这个消息的时候，就去对武则天说："你还政给李旦，他就没借口了。"

而李贤死了的消息人尽皆知，你硬说他没死，这和武则天到处挖"祥瑞"有什么区别？

说白了，李敬业和历史上那些打着"清君侧"旗号的叛党没什么区别，他要的是自己窃取权力，而不是代表李唐针对武则天。如果执政的不是武则天而是裴炎，他也一样会骂裴炎是"窃国小贼"。

李敬业的个人野心也导致了他最后的败北。

《资治通鉴》记载，在李敬业起兵后，他手下的谋士给予了两个方案。魏思温的建议是走洛阳，一起找武则天算账，给老李家出头：

> 明公以匡复为辞，宜帅大众鼓行而进，直指洛阳，则天下知公志在勤王，四面响应矣。

权力的困境：武则天和她的时代

薛仲璋的建议是守金陵，以后也算是有块自己地盘的大佬了：

> 金陵有王气，且大江天险，足以为固，不如先取常、润，为定霸之基，然后北向以图中原，进无不利，退有所归，此良策也！

李敬业就是听从了后者的意见，使唐之奇守江都，将兵渡江攻润州。

魏思温对这样目光短浅的老大实在无语，他说："兵势合则强，分则弱，敬业不并力渡淮，收山东之众以取洛阳，败在眼中矣！"最终，李敬业确实因为贻误战机而兵败。

魏思温有句话说得很对："兵势合则强，分则弱。"武则天能够得到现在手里的权力，很大的一个原因她利用好了身后的北门学士，北门学士对于武则天的重要性相当于文学馆之于李世民。

但当时这些北门学士同时也是效忠于李治的，他们只是通过这种途径避开传统士族对于官职的垄断。在李治统治时期，这些人的利益和李唐皇室挂钩，占据着重要的位置。告密制度之所以产生，正是因为武则天需要瓦解北门学士，并将其转化为自己的势力。

因为就在李旦第一次当皇帝时，北门学士、顾命大臣，还有那些李家的宗亲，集体背叛了武则天。

第十四章　裴炎的背叛

而这次背叛的关键就在于裴炎，武则天当皇后时攒下的人脉随着裴炎的背叛而宣布土崩瓦解。

裴炎这个人出身官宦世家，其中一个证据就是裴炎是在弘文馆读书。弘文馆是李渊设定，后由李世民定名，设馆主一人总领馆务，学生数十名，皆选皇族贵戚及高级京官子弟，师事学士受经史书法。

裴炎是名副其实的士族之一，但好巧不巧，他当官时的顶头上司是李治。无论裴炎再怎么有才华，李治心里对士族出身的他都有点不喜欢。所以即便裴炎非常努力地工作，也只做到黄门侍郎，离皇帝心腹还差十万八千里。

直到李贤出事时，裴炎作为主审官员之一，查出李贤私藏铠甲让他锒铛入狱，才得到了武则天的赏识，从此步步高升。

李贤是不是被冤枉的，以裴炎的才学怎么会不清楚？可是他为了自己前程，还是配合武则天把李贤给赶了下去。从这点来看，你就很难说他是一个刚正不阿的君子。

值得注意的是，就在李显被废的当月，有两个官员的任命已经下来了，分别是任命太常卿、检校豫王府长史王德真为侍中和任命中书侍郎、检校豫王府司马刘祎之为同中书门下三品。

刘祎之是北门学士的代表，当时是武则天的人，这条任命自是不用说。王德真是何方神圣？他曾经担任过宰相，很快又被罢免了。在裴炎死后，他就被贬到了象州，从此无记录。据《新唐书·宰相世系表》，王德真出身于京兆王氏，按《大唐新语》，他与裴炎是舅甥关系。这两人同时得到任命，再次实锤了李显下台是武则天和裴炎的通力合作。

请注意这个王德真，他很可能就是裴炎下得最臭的一步棋。

面对李显的胡闹，裴炎是完全有权力和能力控制住他的，而他却再次选择和武则天合作，赶走李显。

上一次这么做的大臣是霍光。霍光权倾朝野，其存在对于皇帝来说就是威胁，裴炎也同理。

裴炎作为中书令，在李治去世后，就把政事堂移到中书省。三省中，尚书省仅刘仁轨在位，而他当时已经八十二岁，且在长安镇守，远离武则天等人所在的洛阳；门下省仅刘景先守侍中（即见习侍中），而他原为裴炎下属，根本不敢与之争权。裴炎把政事堂这么一迁，确立了中书省在三省中暂时的主导地位，他宰相的权力得到空前的扩大。于是，李治一直以来维持的帝相平衡被打破了。

李旦即位后，裴炎和武则天有过几次对峙，从这也能看出来，此时的裴炎已经能和武则天对抗了。

第一次是武则天要立七庙，裴炎反对，让她别学吕后，惹得武则天很不高兴。

七庙分别指四亲庙（高祖，曾祖，祖，父）、二祧（高祖的父亲和祖父）庙和始祖庙。七庙是帝王的宗庙配置，《礼记·王制》规定：

第十四章　裴炎的背叛

　　天子七庙，三昭三穆，与太祖之庙而七。

不过，虽然裴炎用吕后警示武则天，但吕后那时候礼制还很混乱，吕后没能立七庙。汉元帝的时候，祖庙是一百六十七庙，堪称大汉第一连锁品牌。每次祭祀，祭祀那么多庙要用的粮食都能急哭汉元帝，后面才缩为七庙。但因为汉元帝没有儿子，继位的汉哀帝觉得是因为他缩减宗庙得罪祖宗，就又扩编成十一庙。

后来历朝历代各种权衡，在怕祖宗记仇的精神追求和怕肚子会饿的现实问题之间徘徊许久，终于确定下来七庙这个大家都能接受的礼制。

天子七庙这件事从汉代开始，到了唐代，读过点书的人基本都知道了。武则天要建七庙是想干嘛，昭然若揭！

可《旧唐书》的记录里，这里的时间线其实有点错乱：

　　太后临朝，天授初，又降豫王为皇嗣。时太后侄武承嗣请立武氏七庙及追王父祖，太后将许之。炎进谏曰："皇太后天下之母，圣德临朝，当存至公，不宜追王祖祢，以示自私。且独不见吕氏之败乎？臣恐后之视今，亦犹今之视昔。"太后曰："吕氏之王，权在生人；今者追尊，事归前代。存殁殊迹，岂可同日而言？"炎曰："蔓草难图，渐不可长。殷鉴未远，当绝其源。"太后不悦而止。

权力的困境：武则天和她的时代

豫王就是李旦，就是说天授初，李旦被降为皇嗣，这个时候武承嗣提出立武氏七庙，武则天就答应了。

《资治通鉴》也记载了，武氏七庙的确就是天授元年九月下旨修建的。但此时武则天已经是皇帝，她建七庙是合理合法的，裴炎有什么理由反对？最重要的是，天授元年，裴炎已经死了六年！

而根据《新唐书》的记载，这件事情发生在李显下台、李旦登基后不久。但整件事情的逻辑依然很奇怪。七庙是帝王的配置，当时李显刚刚下台，武则天就提出建七庙，怕不是脑子坏了吧？而裴炎身为宰相，只说一句"不宜追王祖祢，以示自私"，也非常诡异。他难道不知道七庙意味着什么吗，这只是自不自私的问题吗？

我推测，光宅元年，裴炎的确说过这句话，但史书关于说话背景的记录有误，整句话的语境不是讲七庙，裴炎反对的是另一件事情。那么裴炎到底反对的究竟是什么事情呢？

这一年发生了什么事，就很重要！

《新唐书·则天皇后本纪》记录：

> 光宅元年九月，己巳，追尊武氏五代祖克己为鲁国公，妣裴氏为鲁国夫人；高祖居常为太尉、北平郡王，妣刘氏为王妃；曾祖俭为太尉、金城郡王，妣宋氏为王妃；祖华为太尉、太原郡王，妣赵氏为王妃；考士彟为太师、魏王，妣杨氏为王妃。

第十四章 裴炎的背叛

然后再接上裴炎和武则天的对话,这里逻辑就通顺了:

武则天当时是在册封先祖的王位,这一点的确和当年吕雉大肆封异姓王的行为很像。于是裴炎的反击就很恰当:"太后要以天下为先,不要急于册封祖先王位。吕后那种自私自利的行为学不得。"

武则天回应得也非常得体:"吕雉封的是活人,我追封的是死人。两者可以相提并论吗?"

但裴炎的最后那一句"蔓草难图,渐不可长。殷鉴未远,当绝其源",就使得事情失控了。这句话的意思是,野草难控,不能让它生长,殷商灭夏不过是眼前的事,不能让它滋长。

这个语境下,裴炎的话很重,也很不合适。武则天是太后,是君;裴炎是宰相,是臣。君臣有别,裴炎在说谁是野草,谁又是殷商,谁又是夏?

一个臣子说出这种话,任哪个君主都会不悦。

第二件事有关李渊的儿子韩王元嘉和鲁王灵夔。这两人当时还活着,是李唐皇室的长辈,大家都多为亲近,武承嗣和武三思就劝武则天找事杀了他们,绝李唐宗室的名望。北门学士统统失声,只有裴炎站了出来,于是武则天怒了。

史书记载:

> 时韩王元嘉、鲁王灵夔等皆皇属之近,承嗣与从父弟三思屡劝太后因事诛之,以绝宗室之望。刘祎之、韦仁约并怀

畏悍,唯唯无言,炎独固争,以为不可,承嗣深憾之。

这件事也同样不合逻辑,李旦才刚刚坐上皇位,这天下还姓李,武则天就要杀人来绝宗室名望,不合适。而且这种事,武承嗣和武三思竟然大大咧咧地就在朝廷上和武则天说,怕不是失了智吧?刘祎之和韦仁约听了当然不敢说话,因为在他们看来,武承嗣他们明显是疯了。

在这之前,武则天刚刚册封了李治的庶子,分别徙毕王上金为泽王拜苏州刺史,葛王素节为许王拜绛州刺史。刚册封宗室,转头又要杀李家名望,武则天是精神分裂了吗?

唐朝皇子都外放,李元嘉、李灵夔两老头都在外地飘着。而且拜李世民、李治这对刻薄父子所赐,他们手里没兵没钱的,地痞都懒得打劫。武则天杀他们俩,声望灭不了,但民愤应该会激起不少。更重要的是李元嘉、李灵夔二人造反身亡是垂拱四年,那时裴炎已经死了四年。

《旧唐书》里还有这样一条自相矛盾的记载:

及天后临朝摄政,欲顺物情,乃进授元嘉为太尉,定州刺史、霍王元轨为司徒,青州刺史、舒王元名为司空,隆州刺史、鲁王灵夔为太子太师,苏州刺史、越王贞为太子太傅,安州都督、纪王慎为太子太保,并外示尊崇,实无所综理。

第十四章　裴炎的背叛

武则天临朝摄政后，对李唐宗室采取的态度是"外示尊崇，实无所综理"，就是表面光鲜但没有实权。这才像是正常政治家会做的。

那么裴炎究竟是因为什么事惹怒了武则天呢？

《新唐书》中记载了一件事：

"炎谋乘太后出游龙门，以兵执之，还政天子。会久雨，太后不出而止。"

裴炎想趁着武则天前往龙门的时候发动政变，逼武则天还政。可雨下个不停，武则天没有出门，所以裴炎的计划终止。

这件事很有可能是真的，因为这句话里的很多细节都有能对应上的历史记录。

比如《资治通鉴》记载当年发生了两场特大洪灾：

七月，温州大水，流四千馀家。八月，括州大水，流二千馀家。

强降雨同时发生在多地才会导致大规模洪灾。

同时，八月初，全国四处开始献祥瑞。嵩阳令樊文献瑞石，武则天命于朝堂示百官，宰相冯元常当场来了一波反封建迷信教育："状涉谄诈，不可诬罔天下。"武则天气得立刻贬他去陇州吃土。武则天想去龙门，很可能就是为了印证祥瑞，或者至少要表现出相信和重视祥瑞的态度。

裴炎这个时候发动政变，逼武则天还政，虽然没成，但让武则天知道了，引起了武则天的愤怒。

时间就是那么巧，就在九月，李（徐）敬业起兵。

《旧唐书》是这么记载的：

> 秋，徐敬业构逆，太后召炎议事。炎奏曰："皇帝年长，未俾亲政，乃致猾竖有词。若太后返政，则此贼不讨而解矣。"御史崔察闻而上言，曰："裴炎伏事先朝，二十余载，受遗顾托，大权在己，若无异图，何故请太后归政？"乃命御史大夫骞味道、御史鱼承晔鞫之。

《资治通鉴》的记载更详细些：

> 及李敬业举兵，薛仲璋，炎之甥也，炎欲示闲暇，不汲汲议诛讨。太后问计于炎，对曰："皇帝年长，不亲政事，故竖子得以为辞。若太后返政，则不讨自平矣。"监察御史蓝田崔詧闻之，上言："炎受顾托，大权在己，若无异图，何故请太后归政？"太后命左肃政大夫金城骞味道、侍御史栎阳鱼承晔鞫之，收炎下狱。炎被收，辞气不屈。或劝炎逊辞以免，炎曰："宰相下狱，安有全理！"

第十四章　裴炎的背叛

九月李（徐）敬业起兵，他的手下还有裴炎的外甥。而这时裴炎表现很淡定，不急着讨论讨伐之事。武则天问他计策，他回答："你让皇帝亲政，自然能够平反。"。

这时御史上前说："裴炎已经大权在手，如果没有别的企图，怎么会让太后还政？"于是，裴炎入狱，还表示："宰相下狱，不能活着出去。"

整件事的经过很迷。

裴炎的态度就很迷，为什么他面对起兵很淡定？

有人说因为他内心无愧。但是身为宰相，内心无愧和因国事着急并不相斥吧？

武则天的反应更加匪夷所思。

大臣们都说裴炎是不会谋反的，甚至有的说，如果裴炎会谋反，那自己也会谋反。

而武则天回复说："朕知裴炎反，知卿等不反。"武则天似乎什么都知道。

此时武则天已经开始实行告密制度了，所以很多事情她是知道的，可是大臣们并不知道。

比如，裴炎八月份的时候企图发动政变。刚好九月李（徐）敬业就起兵，手下还有裴炎的外甥。裴炎本想借着这个机会逼武则天归政，可是武则天反打一手，用一个似乎很无厘头的理由让裴炎锒铛入狱。

裴炎是一个聪明人，一入狱他就明白，一切都暴露了，自己

权力的困境：武则天和她的时代

死定了。

当裴炎走上了逼政的那条路时，他就和武则天势不两立了。

如果武则天真的回到后宫，还政于李旦，此时三省中还是中书省为大，李治留下的帝相平衡局面已经不复存在。裴炎要武则天还政，如果武则天真还了，交出去的权力会落在谁手里？

这是一个问题。

在裴炎入狱后，很多人都跳了出来，其中就包括手握重兵的程务挺。程务挺得知后，立刻为裴炎上书请罪。紧接着，又有人向武则天告密说程务挺与裴炎、李（徐）敬业勾结，于是武则天杀掉了程务挺。

武则天不是怀疑他和李（徐）敬业勾结，这只是处理他的借口，她真正怕的是他和裴炎勾结。

要特别强调的是，光宅元年发生的每一件事都很重要：

七月，突厥进犯；九月，朝廷以左武卫大将军程务挺为单于道安抚大使，以备突厥。

所以九月时，程务挺手里是有兵的。

如果你是武则天，八月的时候差点被裴炎发动政变，九月他的亲戚跟着别人谋反，他没有第一时间贡献计谋，反而是让你归政，你会不会怀疑他的立场？你刚让裴炎入狱了，一个手握重兵的将军立刻为他求情，你会不会害怕？

裴炎与程务挺的死，和唐初刘文静的死是非常相似的。

裴寂说过一句话，可以总结他这种人的死因："今若赦之，

第十四章　裴炎的背叛

必留后患！"当他打破帝权和相权的平衡时，他就注定要死了。三省名为三省，其实他一人独大，哪个君王能容忍这种局面？

武则天与其说是杀裴炎，不如说是杀失衡的相权，这是所有君王都会做的事。所以，当裴炎和程务挺一死，武则天立刻调整宰相班子：补韦方质、武承嗣、韦思谦为宰相。

说句不好听的，裴炎本身也是武则天扶持起来的，这算是成也太后，败也太后。优秀政治家的行为动机从来不是私人恩怨。

而对武则天来说，裴炎的背叛不仅仅代表相权对皇权的挑战，还意味着裴炎以"扶持李旦"为旗号汇集起来的李唐派都成了自己的敌人。其实这些政治势力就是武则天当皇后时聚集起来的，这其中还包括她亲手提拔的北门学士。

所谓北门学士，就是李治还活着的时候，武则天为加强统治，召刘祎之、元万顷等六人入禁中，助撰《臣轨》等书册，并参决时政，协助自己处理政务，分宰相之权。可以说没有这些北门学士，就没有现在的武则天。

六名学士中，刘祎之最受武则天赏识。刘祎之不同于裴炎出身世代为官的贵族，他的父亲刘子翼是唐初知名学者，但并不是什么高官。他和哥哥刘懿之都是靠文笔出名的。

后来刘祎之的姐姐作为内官给荣国夫人侍疾，他因为和姐姐偷偷见面，遭到了流放。武则天惜才，特地把他召回来，让他去相王府上做司马，获得了李治的赏识，从此步步高升。

武则天这套利用李旦王府编制让自己人入朝为官的玩法，真的用得非常熟练。她在李治当政时积累的很多亲信都是通过相王府的官职输入朝廷的，后来的名相姚崇也在相王府上当过好几年长史。

可见，相王时期的李旦完全是把自己府上的官位让给老妈当棋盘，没有一丝反抗。这种诡异的配合几乎贯穿他们整个母子关系。

李旦性格仁厚，对自己府上官位不上心，不管是母亲武则天还是父亲李治给自己府上安排官员，他都没有表示反对。

李治从来没有想过让李旦当皇帝。即便是李弘身体不好，但李治想一想，李旦前面还有李贤和李显这两个身强力壮的哥哥，真到了这哥俩一起倒下的地步，李旦估计也做不了什么。

所以李治对李旦的培养一直集中在品德和性格方面，而李旦也非常配合地对政事完全不感兴趣，以至于等武则天把他拖出来当皇帝时，他"不得有所预"，对政务是一片茫然。

这句话初看可能觉得没什么，毕竟李旦只是个相王。

但有趣的点在于，李治为了制衡太子，切断太子与宰相的联系。他在位时，宰相多兼职相王府长史，而不是唐太宗时期的太子太师。

《新唐书·百官志》载：

> 高宗、中宗时，相王府长史以宰相兼之，魏、雍、卫王府以尚书兼之，徐、韩二王为刺史，府官同外官，资望愈下。

第十四章　裴炎的背叛

一直到李贤被废,也就是680年,李显成为太子,李旦继位可能性大大增加后,李治才停止让宰相兼任相王府长史,并开始管控相王府里的官员任命。

第一任非宰相的相王府长史就是王德真:

> (680年)九月,甲申,以中书侍郎、同中书门下三品王德真为相王府长史,罢政事。

而李贤是什么时候被废的?八月二十二日。裴炎发家的起点就是废太子李贤之时。

当裴炎提到王德真时,武则天肯定不会把王德真当作裴炎的一个普通亲戚。

知道这一点,就能明白为什么前文说裴炎将王德真和刘祎之一起提交给武则天作为政治交易,是一步超级臭的棋。

这就是为什么老臣刘仁轨虽然警告武则天不要做吕后,却不反对武则天杀裴炎。因为从得知王德真的任命消息时,刘仁轨就一定会忍不住怀疑,裴炎废李显到底是因为李显胡作非为,还是因为裴炎早就凭借王德真掌控了李旦,扶李旦上位只是让他做自己的傀儡皇帝。

这也是为什么同样都是在相王府任职过的官员,李旦会为刘祎之求情,却不会为王德真求情。

而武则天则想得更加长远。

武则天通晓文史,她不会不知道自己和裴炎废李显的过程,与历史上的霍光废刘贺高度相似。只是她一直以为自己是霍光,裴炎是上官太后。毕竟没有她,裴炎根本不可能如此快上位。

可武则天没想到裴炎那么早已经布局相王府了,那么裴炎有没有可能还有更深的布局,自己的儿子李旦又有没有配合他?

裴炎职位如此之高,与相王府牵绊如此之深,其野心又在这个时刻暴露,不得不让人怀疑他的动机。

因此,反对杀裴炎的人很多,但也有很多人认为裴炎该杀,而且他们不仅仅是为了拍武则天马屁,刘仁轨就是典型代表。

这也是为什么武则天对自己一手提拔起来的刘祎之那么生气。

在武则天把李显拉下位再扶李旦上位时,刘祎之已经是宰相了。可这个武则天一手提拔起来的人却说:"后既能废昏立明,何用临朝称制?不如返政,以安天下之心。"意思就是,太后既然已经废掉昏君立了明君,何必还要垂帘听政,把政权还给皇帝,不就天下太平吗?

也许刘祎之这么说可能仅仅因为他真的觉得李旦会是一个不错的皇帝。但对于武则天来说,刘祎之的政见与裴炎达成了一致,就是对自己的背叛。毕竟刘祎之也在相王府任职过,他们是不是已经沆瀣一气?

接连遭遇了李显的背叛,裴炎的背叛,甚至可能还有李旦的背叛,武则天非常愤怒地大骂刘祎之:"祎之我所引用,乃有背

第十四章 裴炎的背叛

我之心，岂复顾我恩也。"

但不管答案是什么，武则天都不会冒险，她不能让很可能已经被裴炎把控的李旦真正当皇帝。

本来，因为李显被废，天下已成乱局。在裴炎过早暴露自己野心的情况下，朝廷也变得不安起来。李旦作为皇帝不但失去了武则天的支持，更加失去了部分大臣的信任。毕竟吕后临朝只是与大臣合作打压刘氏皇族，而霍光把控朝廷既打压皇族又打压大臣，裴炎差一点成了霍光，那李旦对现在这些大臣是什么态度？这让大臣也不由警惕起来。

而且此时刚刚经历了隋朝灭亡，离人人都可以当皇帝的南北朝也不远，谁又能保证裴炎在控制李旦后，不会自己称帝呢？真到那个时候，李唐就真的成为历史了。

那么这种局面怎么解决呢？

只有武则天自己上场了。

这就是为什么搞过好几次政变的李隆基会说武则天称帝是"受托从权，当宁化治"。

在那个时刻，武则天确实没得选。

第十五章　女皇登基

面对如此绝境，武则天于垂拱二年建立告密制度。

既然寒门已经和士族联合了，那么她就要利用更加底层的平民来对抗他们。这些人后来有了一个共同的称呼：酷吏。

《新唐书》中《酷吏传》记录了武则天当政时的十位著名酷吏，他们是丘神勣、索元礼、侯思止、万国俊、王弘义、周兴、来俊臣、傅游艺、来子珣和郭霸。

这些酷吏中不少人出身平凡，例如索元礼原为胡人；侯思止本为高元礼家奴，以密告舒王李元名与恒州刺史裴贞"谋反"起家；万国俊为洛阳人，少年时以险诈闻名；王弘义为冀州衡水人，以告密入仕，授游击将军；来俊臣为雍州万年人，原是游民，垂拱年间以上书告密受到武则天接见。这些人没有背景，告

第十五章　女皇登基

密成了他们唯一升官的机会。

他们罗织各种罪名，将一众高官纷纷拉下马来，成功为武则天新的亲信腾出了位置。

不过，这些腾出来的位置却没有酷吏的份。除了傅游艺当了一年多宰相就被处死，其余的酷吏没有一个人到达宰辅，包括创造成语"请君入瓮"的两大主角来俊臣和周兴。

"请君入瓮"讲的是来俊臣收到密信，说周兴有谋反的心，于是他就找周兴来请教业务问题——如何逼人招供。周兴很得意地分享自己的方案："你找一个大瓮，四周用炭火烤热，再让犯人进到瓮里，你看他招不招？"来俊臣立刻就上了烧好的瓮，让周兴成为自己方案的第一位体验者，周兴吓得立马就招了。

在武则天当政的时候，这样的事酷吏们可没少干，当时几乎人人都恨他们。来俊臣死的时候，老百姓都去分他的肉。

垂拱三年，反对武则天把持朝政的北门学士刘祎之被诬告收受归州都督孙万荣金银，兼与许敬宗妾有私。武则天立刻借机将他弹劾，并且让人去他府上念敕令。

不知道是因为受到诬蔑感到羞辱和愤怒，还是被武则天一手提拔上来的刘祎之已经察觉武则天的计划非同寻常，他说道："不经凤阁鸾台，何名为敕？"鸾台即门下省，凤阁即中书省，都是武则天给改的新名字。刘祎之的意思就是，这命令没走流程，是不合法的，你皇太后没资格下这样的命令。

武则天大怒，就将他赐死了。

如今，我们已经很难知道，从小在武则天她身边长大、一直是她乖宝宝的李旦是从什么时候开始对她有了反心的，也许就是在为刘祎之求情遭拒的这一刻。这也是他第一次当皇帝时，唯一一次为大臣向武则天求情。

武则天免除了刘祎之家人的死罪，并将他们从监狱里放了出来。但刘祎之却说："此必加速吾祸。"这么做只会让我死得更快，结果真的如此。

可是刘祎之还是非常感谢李旦，他写了一篇谢表，就直接赴死了。这篇文章已经失传，但当时的文人读过无不落泪。

李旦无能为力，只能看着刘祎之死去。

通过酷吏诬告空出来的那些位置，武则天很快用武家人一一填了进去，形成了新的势力。此时武则天和武家已经福祸相依，武家崛起，必然侵吞李家的利益，李唐宗室当然不会坐以待毙。

垂拱四年，也就是688年，八月，琅琊王李冲、越王李贞起兵反对武则天，结果都兵败身死。

十二月，李旦带上自己的嫡长子、当时的太子李成器，主动跟随武则天去洛水参加"拜洛受图"大典。

所谓的拜洛受图，就是武承嗣安排人在洛水放了一块刻有"圣母临人，永昌帝业"的白石，再让人把这份"祥瑞"挖出来，献给武则天。武承嗣这种自编自导自演的戏码果然很得武则天欢心。于是，她便要举办拜洛受图大典。

这种明摆着要自己当一辈子傀儡的典礼，李旦不但硬着头皮

第十五章 女皇登基

参加，还带上了自己的太子，可以说把自尊心踩在脚底下。这样的投诚表现让武则天很满意。

为何李旦会做出这种近乎无耻的举动，这得谢谢李冲和李贞。

通过两王的起兵过程，就能看出李旦当时是有多孤立无援。《旧唐书》记载：

> 是岁，则天以明堂成，将行大享之礼，追皇宗赴集。元嘉因递相语云："大享之际，神皇必遣人告诸王密，因大行诛戮，皇家子弟无遗种矣。"撰遂诈为皇帝玺书与冲云："朕被幽絷，王等宜各救拔我也。"冲在博州，又伪为皇帝玺书云："神皇欲倾李家之社稷，移国祚于武氏。"

翻译过来就是：武则天在完成修建明堂后，召集宗室聚集庆祝。李贞等诸王怕这是鸿门宴，去了就回不来，于是他们开始积极行动。黄国公李撰伪造李旦给李冲下的诏书，上面说："朕被幽禁，诸王应该各自发兵救我。"李冲又伪造皇帝用玺印密封的书信，上面说："神皇打算将李氏的国家交给武氏。"

他们编造这样的诏书和书信，搞得李旦两边不是人。对于武则天来说，他是撺掇李氏宗亲造反的元凶；对于李姓宗亲来说，他是背弃祖宗的叛徒。好人都让他们当了，李旦就活该被千刀万剐。

作为对比，我们看一下唐隆政变时，李旦的亲儿子李隆基的所作所为吧。

《资治通鉴·唐纪二十五》记载：

> 或谓隆基当启相王，隆基曰："我曹为此以徇社稷，事成福归于王，不成以身死之，不以累王也。今启而见从，则王预危事；不从，将败大计。"

唐隆政变前，有人问李隆基说，要不和你爹说一声？李隆基说，不必，事成一切归功于我爹，事不成我们自己担下，也没必要拖累他。

这才是亲儿子啊！

不得不说，李隆基年轻的时候真是一个铁血真汉子，有担当有胆识，很有孤胆英雄的决绝。

再看看那帮本应该帮着李旦好好团结一切力量的李姓宗亲，他们的所作所为简直就是要把李旦往死路上推。

事实上，李贞他们并不是这一年才想造反的，在李旦即位那一年，他们就开始做准备了。整整四年里，李旦不仅对他们的计划完全不知情，还要为他们背锅。

对他们来说，李旦虽然名为李姓皇帝，其实更是武则天的儿子，并不是自己人，对他根本谈不上什么信任，更别说和他联盟，成为他的势力。

第十五章 女皇登基

李贞之所以失败,是因为时机不对。

《新唐书》记载:

> 八月,冲先发,诸王莫有应者,独贞将兵攻上蔡,破之,而冲已败。

八月,他们起兵,诸王莫有应者,完全是李冲、李贞两人单独行动。于是,当李贞攻下上蔡的时候,李冲已经失败了。

当然,诸王凑不出兵马,和李世民、李治动不动就削人家的地,降人家的爵,时不时再打压一下人家的气焰,也是有直接关系的。但除了这些客观原因,为什么诸王莫有应者?

很简单,因为无论李旦有没有被李贞等人当成李家人,他终究姓李,而且只有二十六岁。而武则天当时已经六十四岁了,再过六年就是七十古来稀了。当时的反武人士觉得等得起,谁也没想到武则天是要自己当皇帝,而且还能活那么长。

李贞等人好不容易攻下一县,赶紧拉壮丁,硬是拉出了七千人。

而武则天派了多少人去平定他们呢?十万人!

七千对十万,除非李世民再世,否则胜负基本可以提前写进史书了。

李贞估计了一下自己身体里遗传了多少李世民的战斗基因,随即就打算投降。但他的家人却说:"今事乃尔,王岂受戮辱者邪？"都这样了，还是给自己留点面子，一起去走黄泉路吧。

于是，一家人自杀身亡。

十万人打李贞七千人只用了二十天，但这二十天的战役带来的是武则天长达两年的对李唐皇室无止境的诛杀。

二王起兵给了武则天很好的借口大开杀戒，几乎所有李姓宗亲全部都被牵扯进来。韩王李元嘉、鲁王李灵夔、霍王李元轨、纪王李慎、江都王李绪、黄国公李撰、东莞郡公李融、常乐公主等，或被逼自杀，或斩首市曹，或死于流放途中。一直杀到了垂拱六年，李唐宗室几乎被杀戮殆尽。

《资治通鉴》是这么说的：

> 垂拱六年，八月，甲寅，杀太子少保、纳言裴居道；癸亥，杀尚书左丞张行廉。辛未，杀南安王颖等宗室十二人，又鞭杀故太子贤二子，唐之宗室于是殆尽矣，其幼弱存者亦流岭南，又诛其亲党数百家。

就连太平公主也遭到牵连。她刚给薛绍生下孩子不过一个月，薛绍就因二王起兵的事受牵连被杀了，然后太平公主就被嫁给武攸暨。原本太平公主是要被嫁给武承嗣的，但据说武承嗣有"小疾"，就是有不方便成亲的小病，所以武则天就把她嫁给了武攸暨。

也有人说是太平公主不喜欢武承嗣所以故意这么说，因为武

第十五章 女皇登基

承嗣有六个儿子和一个女儿，应该没有什么不方便成亲的毛病。可无论如何，武则天一心要把太平公主嫁给武家人，这是绝对的命令。当时武攸暨有妻子，武则天就把他妻子给杀了，然后把太平公主嫁给他。

本来太平公主嫁给薛绍后，两人感情很好。虽然武则天嫌弃太平公主的妯娌不够高贵，但太平公主本人在第一段婚姻里是非常安分守己的，并无任何出轨的行为，还和薛绍生下二子二女。反观第二段婚姻里，她不仅大肆包养男宠，甚至和朝臣有过不轨，说明这段婚姻她可能真的心不甘情不愿。

根据考古发现，现在我们也有理由怀疑，太平公主与武攸暨所生的二子二女，可能是武攸暨和前妻或者其他妻妾所生，只是记在太平公主名下。

《故沛郡夫人武氏墓志铭并序》记载：

> ……夫人故周定王驸马都尉修暨太平公主第二女，封永和县主。……春秋五十有四，以开元廿五年五月二日，终於京兆万年之兴宁里第。

太平公主与武攸暨的小女儿永和县主死于开元二十五年，也就是737年。她活了五十四岁（虚岁），由此可以算出，她生于684年，也就是光宅元年，当时太平公主还是薛绍的妻子，不可能和武攸暨生孩子。她和薛绍的女儿万泉县主出生于687年，而与薛绍的小儿子则是688年生的，比永和县主还小四岁。

永和县主是武攸暨的小女儿，那么在她之前出生的哥哥姐姐就更不可能是太平公主的孩子了。

太平公主对武攸暨的感情可见一斑。

这种强行拉郎配的结果，就是薛绍死了之后，那个少年时身着男装和父母撒娇要驸马的小公主也消失在人间。

不知道太平公主有没有去找李旦求救。即便她没有去，看着从小到大的妹妹遭遇此等悲剧，恐怕任何一个正常人都做不到无动于衷。

太平公主一个公主尚且如此，再看着自己的叔伯侄甥一一被处死，甚至连去世的李贤的两个儿子也被鞭杀，李旦不知道是什么样的心情。

身为皇帝的他非常明白：李唐宗室被清除，自己就已经没有存在的必要了。

天授元年九月，李旦让位给武则天，武则天于洛阳称帝，改国号为周，改元天授，此时她已经六十七岁。

自此，武则天作为中国历史上唯一一位真正的女皇帝，开始了长达十五年的统治。

李旦不止让位，还主动要求赐武姓。他真的非常贴心，就像一直以来那样，始终在武则天身边当最乖最可爱的孩子。

武则天欣然同意，不但立他为皇嗣，还立他的嫡长子李成器为皇孙。

第十五章　女皇登基

此时，武则天终于获得了完全的胜利。

她完成了一个接一个的不可能任务，从感业寺到皇宫，从皇宫到朝堂，再从朝堂到宝座。

她一次次寻求寄托，从李治到李弘，从李贤到李显。可无论丈夫还是儿子，最后都只带给她失望。如今，就连这个从出生就没有离开自己身边的小儿子，这个幼年时会在朝堂上哭喊着"我不要离开妈妈"的最为乖巧的小儿子，她也不再相信。

武则天刚完成登基，司刑少卿周兴就奏除唐亲属籍。紧接着，武则天大封武氏。

《资治通鉴》记载：

> 立丙戌，立武氏七庙于神都，追尊周文王曰始祖文皇帝，妣姒氏曰文定皇后，平王少子武曰睿祖康皇帝，妣姜氏曰康惠皇后；太原靖王曰严祖成皇帝，妣曰成庄皇后；赵肃恭王曰肃祖章敬皇帝，魏义康王曰烈祖昭安皇帝，周安成王曰显祖文穆皇帝，忠孝太皇曰太祖孝明高皇帝，妣皆如考谥，称皇后。立武承嗣为魏王，三思为梁王，攸宁为建昌王，士彟兄孙攸归、重规、载德、攸暨、懿宗、嗣宗、攸宜、攸望、攸绪、攸止皆为郡王，诸姑姊皆为长公主。

身为皇嗣的李旦，则完全不在这个热闹之列。他的苦难不过刚刚开始。

权力的困境：武则天和她的时代

武则天登基的第二年，李贤的儿子李光顺、李守礼、李守义，女儿长信县主，以及李旦的儿子们都被幽静在宫中，十余年不得出门庭。这其中就包括后来的唐玄宗李隆基。

这不是普通的关禁闭，平时说不定还会有毒打。比如李守礼因为父兄的关系，逢年过节时别人叩头谢礼，他要叩头谢打。就是他先跪下来谢主隆恩，然后被人按住杖打。这样反反复复地打，李守礼甚至被打出了风湿病，要下雨的时候，还能提供天气预报，被人以为是神人。他知道后苦笑道："什么神人，我是被打得风湿入骨了。"

李隆基可能没有被打，但一个七岁的孩子被关起来看了十余年这种人间悲剧，内心的创伤可想而知。

李旦望着孩子被抓走，自己更是不好过。

一直到698年武则天确定李显为皇太子之前，李旦的人生主题就是背锅，堪称行走的磁铁。无论他走到哪里，做什么，黑锅总能精准地从天而降，砸在他头上。

691年，因为武承嗣骚动群众说他当皇嗣不吉利（神不歆非类，民不祀非族），差点丢了皇嗣的位置。后来是宰相李昭德杖毙祸害头子王庆之，让武承嗣知道老李家还有一口气，李旦这才保住了位置。

693年，武则天的宠婢韦团儿前来勾引李旦。韦团儿敢这么做，背后是谁的指示，真的不能再明显。说白了，武则天就是不放心这个儿子，就是要他彻底融入武家，彻底放弃自己全部的

第十五章 女皇登基

自由。

有了李显的前车之鉴,李旦哪里能同意放韦团儿在自己身边?所以当两个已有子嗣的妃嫔被杀时都一言不发的李旦,却坚决没有接受武则天给他的妃嫔。

武则天杀了办事不利的韦团儿,可依旧没有放过李旦。她降皇孙成器为寿春王,恒王成义为衡阳王,楚王隆基为临淄王,卫王隆范为巴陵王,赵王隆业为彭城王。

儿子们的王位全部降级,李旦虽然还是皇嗣,但已然如同空中楼阁。

称帝后的武则天一再试探李旦的底线,似乎是在逼着他造反,好给自己一个放弃李旦的理由,真正去做那个皇位上的孤家寡人。而李旦也似乎一直对武则天服从到骨子里。

在武则天那么多孩子里,李旦一直是最让她省心的一个。李弘自幼多病,李贤叛逆贪玩,李显暴躁无能,即便是太平公主也非常喜欢撒娇,还因为嫌弃自己的妯娌,回娘家和母亲抱怨。唯独这个小儿子,无论是年幼时对自己的依恋,还是长大后把自己王府官位交由自己把控,还是当皇帝时的逆来顺受,似乎从来没有反抗过自己,一直是最乖的一个。

可实情真的如此吗?

武则天称帝这一年,尚方监裴匪躬、内常侍范云仙因私下谒见李旦被杀,紧接着有人密告说他想谋反。武则天知道后,就让酷吏来俊臣去审问李旦。没错,就是那个发明各种刑具,"请君入瓮"的男主角之一,武周最残忍的酷吏来俊臣。

来俊臣自然毫不客气,把东宫里的宫人全都抓了起来,一一拷问。很神奇的是大家都招供了,可就是没有人提供能将李旦治罪的证据。面对大家那么有"诚意"的招供,来俊臣估计气得要骂街。

乐工安金藏为了救下李旦,当场剖腹自杀,用自己一颗心脏来证明李旦的清白。最后他这种壮烈的行为让武则天感到要动李旦可能得把老命都搭上,这才罢了手。

于是,她说了一句:"吾有子不能自明,使汝至此。"我是不懂自己儿子,才会让你做到如此地步。终于换来李旦接下来数年的安稳日子。

神功元年,即697年,来俊臣诬李显、李旦与南北衙谋反,后被武氏诸王和太平公主所诛。

南衙是宰相治事之所,北衙又名北司,是宦官所在地。后来的神龙政变时,李旦率领的是南衙禁军。我们回过头再来看,693年因私下谒见李旦被杀的尚方监裴匪躬、内常侍范云仙,这两人都属于北司。

李显远在天边,李旦可就在眼前。

现在看来,来俊臣的情报未必都是错的,说不定他真没冤枉李旦。李旦表面上当了六年傀儡皇帝,毫无作为。但进入武周时期,北司的宦官、南衙的大臣还有他身边的乐工都愿意为他舍身忘死,这绝不是一朝一夕可以做到的。

第十五章 女皇登基

事实上，李旦在大唐群臣中是很有威望的。《旧唐书·朱敬则传》中提到过一件事：

> 郑州刺史朱敬则，往在则天朝任正谏大夫、知政事，忠贞义烈，为天下所推。神龙时，被宗楚客、冉祖雍等诬构，左授庐州刺史。长安年中，尝谓臣云："相王必膺期受命，当须尽节事之。"

朱敬则是唐朝的名臣，当时已经名扬天下，可是在他看来相王李旦才是真命天子，即便自己被贬往外地，不忘提醒下属要对李旦竭尽忠心。

李旦也不是一个没脾气的人。

698年，为了让哥哥李显继承大统，避免李家社稷分裂，几乎没有违抗过母亲的李旦在武则天面前绝食抗议，以死相逼，才让武则天彻底断了继续立傀儡的念头，保住了李显的位置。

李旦的坚韧、果决和宽厚让他挺过了最危险的岁月，也终于把李唐从武则天手里重新熬了回来。李旦为君之道，从他第二次当皇帝时和道士司马承祯的对谈看得明白。《资治通鉴》记载了他们这段对话：

> 上召天台山道士司马承祯，问以阴阳数术，对曰："道者，损之又损，以至于无为，安肯劳心以学术数乎！"上

曰："理身无为则高矣，如理国何？"对曰："国犹身也，顺物自然而心无所私，则天下理矣。"上叹曰："广成之言，无以过也。"

"顺物自然而心无所私"。顺物自然，克制和控制自我，本身就是一个难题，还要做到心无所私，一心为国，简直是难上加难。

而李旦做到了。

也就是凭着这种"顺物自然而心无所私"的毅力，李旦熬过了武周时期的至暗时刻。

后来，武则天要和李唐皇室和解，要立他为太子。当时他已经是李唐宗室的代表人物，可他拒绝了。

再后来，李显说要立他当皇太弟，他还是拒绝了。

再再后来，太平公主污蔑李隆基会篡位，他表示干吗那么费功夫，我直接让不就得了，于是直接让位，自己当了太上皇。

唐隆政变时，当李家所有的敌对势力终于彻底完结的那一天，李旦抱着李隆基嚎啕大哭："社稷宗庙不坠于地，汝之力也！"

社稷宗庙不坠于地，这就是李旦的目标。

李旦这一辈子做的就是保全李唐皇室的社稷宗庙，或者说，他努力地把四分五裂的李唐宗室在武革唐命的大浪中一点点粘合在一起。哪怕最后的胜利果实不属于他，他也不在乎，李唐一定

第十五章 女皇登基

要活下去。

这就是李旦最终的目标。

而在此之前,武则天对李旦的隐忍还浑然不觉。

终于站在权力之巅的她此时陷入了权力的迷茫之中,没有了方向。

第十六章　臣轨子训

公元704年，一个叫粟田真人的遣唐使来到当时中国的边界。

他当时的样子估计非常狼狈，不排除他是从一艘沉船上逃生，然后被中国百姓打捞起来的。

他问："这里是大唐的哪个州啊？"

百姓回答："这里是大周楚州盐城县界。"

这位遣唐使惊呆了。

隋唐早期，日本遣唐使来华一般有两条路线，北路是在山东的登州上岸，南路是在江苏的苏州上岸。而粟田真人上岸的楚州盐城即现在的江苏盐城，无论是离哪条路的登陆地点都太远了。

但更让这位遣唐使震惊的不是自己迷路的离谱程度，而是从百姓的口中听，大唐的国号是又改了吗？

第十六章 臣轨子训

中原王朝改国号这事对于日本遣唐使是有阴影的。当年因为中原王朝改国号为隋，日本使臣小野妹子在外交措辞上犯了错，引起隋炀帝暴怒，导致两国关系还没开始建交就已经紧张。日本好不容易适应了隋的国号，中原王朝又改朝换代，成了唐朝，日本一个没注意又没处理好，引发白江口大战，致使日本差点亡国。

粟田真人当时内心可能已经开始在设想日本未来凄惨结局的种种细节了。他忍不住问道："先是大唐，今称大周。国号缘何改称？"百姓回答道："永淳二年，天皇太帝崩。皇太后登位，称号圣神皇帝，国号大周。"粟田真人这才松一口气。

他这次来是有很重要的任务，他要更改日本在大唐的注册名。此前日本在中原一直叫"倭国"，顾名思义就是矮子国。这个称呼很不好听，日本一直希望中原王朝能更换这个称呼，可之前因为接连得罪隋唐，一直没能成功。而粟田真人此行就是想趁着两国关系缓和之际，完成这项任务。

于是，粟田真人来到洛阳，见到了武则天。他是一个非常有风度的人，而且做好了功课。他没有像小野妹子那样"自杀式"外交，而是先陪伴在武则天身边，赢得了武则天的好感，《旧唐书》记载他甚至得到了皇帝宠臣才会有的进德冠。这时，他再提出换名的事，武则天就同意了。

唐《史记正义》记载："倭国，武皇后改曰日本国。"从某种角度上，武则天是中国第一个承认日本国"日本"这个名字的

权力的困境：武则天和她的时代

国君。

粟田真人这样的遣唐使来往于中日之间，学习大唐的种种制度与文化，甚至后来连首都都仿照大唐建造。他们还从中原带了一堆书回去，其中一本女皇亲自主持编撰的《臣轨》在日本洛阳纸贵，是上到皇族将军下到臣子学者的热门读物，甚至成为早期幕府将军的必修教材，得到了广泛流传。正因这本书在日本太火了，竟然意外地流传了下来，成为如今武则天唯一一本尚存于世的著作。

《臣轨》这本书分为十个部分，分别是同体、至忠、守道、公正、匡谏、诚信、慎密、廉洁、良将、利人，简而言之，这完全是一本手把手教你做官的使用指南。对上怎么表忠心和交业绩，对下怎么管理自己的手下和百姓，怎么提升业绩，考核条件有哪些，做官的重点是什么，这本书都已经给予非常详尽、全面的答案。还找了很多典型的历史案例，并特地标出案例的必考知识点，可以说是非常贴心了。难怪它能在日本大火啊！

日本当时几乎是从奴隶社会直接跳进了唐朝的封建社会，在管理艺术上属于一片空白。这本书简直是久旱逢甘露，岛民完全可以一边读《臣轨》一边实操，都不用自己消化。

《臣轨》这本书的具体撰写时间，有说成书于高宗时期，也有说成于李旦第一次当皇帝时的垂拱年间。但武则天作为女皇的时候把这本书作为臣下的准绳，并且在长寿二年又把它作为教科书下发给贡举人，可见《臣轨》无论是成书在何时，它都体现了武则天的统治思想，并作用于整个武周天下。

那么，这样一本书为何能在武周时期发挥如此大的作用？

其中很明显的一个原因就是官员的扩招，这也是武则天统治时期的一个重要特点。

正如我们之前所说，武则天称帝本身就是对朝廷的一次大清洗，清洗之后需要大量新的官员。而这些新官员决不能来自现有官僚集团，更不可能是士族集团，只能来自民间，尤其是寒门。所以大兴科举制不仅仅出于武则天的主观意愿，更是客观需求。

这也就不难理解为什么武则天会是唐代科举制度中殿试和武举的开创者。

《通典》记载：

> 武太后载初元年二月，策问贡人于洛城殿，数日方了。殿前试人自此始。

这是唐代殿试的开始。

武则天让科举制蓬勃发展，很快就打造了一批自己的班底。武周时期的朝堂可以说是门庭若市，大量平民出身的有志之士通过科举，在武周朝廷上获取了一席之地。

根据《登科记考》记载，以常举中最重要的进士科及第者为例，高宗在位34年进士及第者555人，武周21年进士及第者1172人。武则天用更短的统治时间招了比李治时期多一倍的人。

权力的困境：武则天和她的时代

而这也改变了中枢机构的人员构成：

高祖朝，宰相12人，通过科举入仕者只有1人，占宰相总数的8%。

太宗朝，宰相29人，通过科举入仕者只有3人，占宰相总数的10%。

高宗朝，宰相47人，通过科举入仕者只有11人，占宰相总数的23%。

武周时期，宰相75人，通过科举入仕者有27人，占宰相总数的36%。

可以看出，武则天正有意识地加大科举入仕在朝廷的比重。当时的官员扩招速度之快，甚至被当时的小说作家张鷟都写歌谣讽刺：

> 补阙连车载，拾遗平斗量；欋推侍御史，碗脱校书郎。

补阙是唐代官名，正是武则天还在当太后时的垂拱元年设置，秩从七品上，职责为对皇帝进行规谏及举荐人才，与拾遗同掌供奉讽谏。拾遗也是垂拱元年武则天和补阙一起设置的官名，置左右拾遗分属门下、中书两省，职掌与左右补阙相同，同掌供奉讽谏、荐举人才，位从八品上，稍低于补阙。

多说一句，后来的大诗人陈子昂、杜甫均曾担任拾遗，后人因称为陈拾遗、杜拾遗。

第十六章 臣轨子训

张鷟这首歌谣的意思是补充官至补阙的人多到用车来装载，官至拾遗的像斗里的米一样多。随便抓一把就能抓到个侍御史，从手里挣脱掉的也是官至校书郎。用现在的话说，在武周时期，伸腿就能绊倒一个七品官。

所以，司马光在《资治通鉴》里说武则天"滥以禄位收天下人心"，真的是一点也没夸张。

大规模扩招的隐患就是很多科举出身的官员本身非常缺乏治理实践经验，于是《臣轨》就成为了贡举人的教材。这本书除了能让他们在思想上和武则天统一，还有可以帮助他们提前对未来的工作做好理论准备。

但聪明的读者也一定能从上面这个惊人的数据发现一个巨大的潜在危机：那就是武则天当皇帝，完全是把宰相当耗材在用。武则天在位21年，共任用了75位宰相，这让在位17年任用过50位首辅的崇祯看了都得甘拜下风。

所以，即便武则天提拔了很多官员，有的官至宰相，大家并没有对她很忠心。因为给武则天打工真的太不稳定了，就算是当上大宰相，也可能没过几天就失业，有的甚至直接就死了。事实上，如果武则天太后时期的宰相一起算上，死在她手上的宰相就有20个，杀的比唐高祖李渊用的都多。以至于当时洛阳宫里的宫女把官员们叫"鬼朴"，也就是做鬼的材料。

于是我们就能看到，虽然武周时期的朝廷上群星闪耀，像姚崇这样后来的名臣也几乎都出自于武则天的提拔，但他们几乎全

权力的困境：武则天和她的时代

部都忠心于李唐，而不是武则天。

除了殿试，武则天还开创了武举。但是根据《新唐书·选举志》记载，长安二年正月，武则天"初设武举"，考试科目"有长垛、马射、平射、筒射，又有马枪、翘关、负重、身材之选"，考察的主要还是个人的武力，所以即便有了武举，也没有选拔出什么优秀的将才。

武则天统治时期，在军事上成就并不出色，甚至可以说是不及格。武则天虽然解决了安西四镇和营州之乱，并暂时平息了契丹的入侵，但她为了在军队中树立武姓皇族的威望，导致了战场发生了太多不利的局面。

其中最大的一个笑话就是骑猪将军武懿宗。武懿宗是武则天的从侄，神功元年四月，武则天以他为神兵道行军大总管，五月又以娄师德为靖边道副大总管，率兵二十万讨伐契丹。六月，武懿宗率军至赵州，听说契丹数千骑兵将至冀州，这家伙掉头就跑，而且跑得极其狼狈，连军需物资都不要了，一路跑到相州。

这件事传到了京城，顿时成了众人的笑柄。当时就有官员张元一写了首《嘲武懿宗》：

> 长弓短度箭，蜀马临阶骗。
> 去贼七百里，隈墙独自战。
> 忽然逢著贼，骑猪向南趣。

第十六章 臣轨子训

武则天当时听到这句诗还觉得很奇怪，说："武懿宗怎么可能骑猪，再不济也是骑马啊？"张元一微微一笑："骑猪就是夹豕（音同屎）。"武则天也只能苦笑。

正因武则天对这些武氏宗亲的刻意提拔，在军中造成了极为恶劣的影响。比如王孝杰就因为她任用的武姓子弟而战死，李多祚这样的将领则身食周禄而心向李唐。以至于后来边疆再起战事，突厥入侵，都没有人愿意响应武周的征兵，还得李显和李旦出面，这也为后来李唐回归打下了军队的基础。

不得不说到武则天时期的用人和吏治特点还是很鲜明的，其优缺点之明显在历代君王中都是非常少见的。一方面她善于纳谏，很多大臣说了很难听的话，她也不会生气。就像张元一当着她面嘲讽武懿宗，她也只是苦笑一下，并没有责罚张元一。

但另一方面，武则天又重用酷吏，致使告密检举成风，甚至到了人人自危的地步。她后来重用的宰相狄仁杰都曾被告发下狱，被迫承认自己不曾犯下的罪名，才得以写下诉冤书，最终逃出生天。出狱后，武则天问他为何要认罪，狄仁杰回答道："我要不认，早死了。"天知道他当时内心翻了多少个白眼。

这种开明和严苛两种极端风气同时存在于武周，让武则天看上去有些精神分裂。但只要读过《臣轨》，就能完全理解武周这种奇怪的朝廷氛围。

在《臣轨》开篇的《同体》中，武则天将王朝比喻成人体，君主犹如人的大脑，官员如同人的耳目四肢。其实同样的道理，

权力的困境：武则天和她的时代

李世民的《帝范》也有提到，但在《帝范》中李世民更强调的是君主如何运用人才，而武则天则强调的是人才如何侍奉君主。

武则天的"同体"，不是李世民那种与大臣携手同行，而是赶着大臣前行。她的开明和严苛，本质都是作为主体的大脑对于身体的控制。

开明，是因为需要四肢帮自己做事；严苛，是因为害怕四肢反抗大脑。

武则天毕竟是朝堂篡位，不像李世民本身就是军功卓越的功臣集团代表。武则天对朝堂的掌控力是远远不如李世民的，就像前文所说，在军队眼中，她只是唐朝太后，而非武周皇帝。

边疆小国的反应往往能反映边疆战士的态度。武则天派武姓皇族武延秀到突厥那倒插门，被人给扣住了，当时的突厥可汗就扬言："我可汗女当嫁天子儿，武氏小姓，门户不敌。"可见武周的威望其实是建立在李唐的基础上。

这也导致了武则天在统治之初不得不动用非常手段来控制整个朝廷，以达到她想要的"君臣一体"。

等她整体稳固的时候，武则天就放弃了这些手段。

神功元年六月，武则天杀酷吏来俊臣，终结了酷吏时代。长安二年十一月，武则天又命监察御史苏颋"按覆俊臣等旧狱，由是雪免者甚众"，把告密制度一并封存。

为什么是这一年？因为就在前一年，武则天决定还政于唐。已经七十八岁的她从洛阳回到长安，居住了两年。武周时期的最

第十六章 臣轨子训

大危机其实在她做出这个决定后已经化解，武周的灭亡已经进入了倒计时，那么维持武周继续统治下去的最大武器——告密制度也就没有任何存在的价值。

在接下来的岁月里，武则天的重心有且只有一个：如何将政权从武周安稳过渡到李唐。

可她也知道这件事实在太难太难了。武周与李唐政权的交接，落脚点还是在武则天怎么处理武氏皇族与李氏皇子的关系上。

从《臣轨》里，我们可以得知武则天对臣子的态度。那么她又是如何看待自己的孩子呢？

《臣轨》的序中，武则天写道："比者，太子及王已撰修身之训"，但这些"修身之训"都已经失传。可作为皇帝的武则天曾经安排人编撰明堂乐章十一首，其中特别加了一首《皇嗣出入升降》，从这首乐章，我们可以一窥她对孩子的态度。

不过要把这首曲辞讲透，我们先来说说明堂。

国之大事，在祀与戎。祭祀是君主最重要的工作，也是最能体现君主治国思想的一个形式。武则天是中国唯一一位女皇帝，可一旦登上了那个位置，她和其他皇帝也就没什么区别，也需要建立起自己的祭祀礼仪。因此，明堂可以说是整个武周时期最重要的建筑，甚至没有之一。

明堂并不是武则天首创，上古时期明堂就已经成为最重要的祭祀礼仪性建筑，具有礼制、政治二合一的特殊属性。

权力的困境：武则天和她的时代

《淮南子·主术训》记载：

> 昔者神农之治天下也……甘雨时降，五谷蕃植，春生夏长，秋收冬藏。月省时考，岁终献功，以时尝谷，祀于明堂。明堂之制，有盖而无四方，风雨不能袭，寒暑不能伤，迁延而入之，养民以公。

从神农氏也就是炎帝开始，已经有统治者建立明堂用于祭祀了。明堂是用来保佑风调雨顺和国泰民安的，理应每个城市建一个，但随着生产力的发展，疆土越来越大，城市越来越多，建那么多明堂显然就不现实了。于是，到了周朝，就只有天子才会建立明堂，除了用来祭祀，也能表现尊卑等级。

不同朝代的明堂，规制和作用也都不一样。唐朝建立后，李世民和李治都讨论过建明堂，但因为没有敲定明堂的性质、形制和作用，迟迟没有进展。

最后，李治定下了明堂要有"兼通神明""布政之功"的功能，就是说小孩子才做选择，政治和祭祀我都要！于是明堂的形制才暂定了雏形。后来武则天建的明堂，其形制的思想核心就是李治定下的"兼通神明""布政之功"。

事实上，整个武周时期的施政和军事战略，基本上都是对李治治国思想的延续和发展。比如李治大兴科举制度，打压士族垄断，武则天就更进一步，开创殿试和武举，为寒门子弟进入朝廷

第十六章 臣轨子训

大开方便之门，甚至造成了官员太多的窘态。

就像我们之前所说，历史上的李治和武则天其实是一对颇为恩爱的夫妻，他们志趣相投，而且心灵相通。武则天早在还没当女皇的光宅元年，就在乾陵前竖起两块碑，就是说她当时已经下决心要和李治合葬一处。

从这个角度来说，武则天后来的举动可能是在玩弄天下。她很可能早就想好了，武周王朝只能有一个皇帝。否则，如果武则天不把政权还给李唐，她还有什么脸和李治合葬呢？

这样看，武周时代武则天在皇嗣问题上反复纠结，其实未必不是一种稳固朝廷的手段。如果她从一开始就表明自己会还政于唐，那么她的政令根本无法实施下去，毕竟没有人会愿意为这个只有一个皇帝的王朝尽心竭力。她根本使唤不了任何人，无论是大臣还是武氏宗亲，更别提那些李氏皇室。

可现实常常是天不遂人愿，就像武则天当初废李贤立李显，原想着稳坐太后之位，没想到李显因其野心和幼稚，逐渐不为自己所控，逼得自己从头再来。而她当上皇帝后，应运而生的武氏皇亲和宠臣也绝不会甘心在她死后退出权力中心，被她赶下台的儿女们自然也不可能会心平气和地接受她重新回到李治身边的结局。

了解这些背景，我们再来看武则天的明堂。武则天当了皇帝后，一向善于纳谏的她这一次没有再和儒生纠缠，而是直接和北门学士敲定了建明堂的问题。

权力的困境：武则天和她的时代

《资治通鉴》记载：

> 及太后称制，独与北门学士议其制，不问诸儒。诸儒以为明堂当在国阳丙己之地，三里之外，七里之内。太后以为去宫太远。（垂拱四年）二月，庚午，毁乾元殿，于其地作明堂。

不就一个祭坛，你们儒生事怎么那么多？现在我是皇帝，怎么方便我怎么来！于是纠缠了李世民和李治数十年的明堂辩经问题在武则天时期终于解决了。

垂拱三年开建，垂拱四年建好，加班加点，唐朝速度。

《旧唐书·礼仪志》对这座武氏明堂有一番描述：

> 凡高二百九十四尺，东西南北各三百尺。有三层：下层象四时，各随方色；中层法十二辰，圆盖，盖上盘九龙捧之；上层法二十四气，亦圆盖。亭中有巨木十围，上下通贯，栭、栌、橕、槐，藉以为本，亘之以铁索。盖为鹜鹭，黄金饰之，势若飞翥。刻木为瓦，夹纻漆之。明堂之下施铁渠，以为辟雍之象。号万象神宫。

没错，武周时期著名的万象宫其实就是一座明堂。

而《资治通鉴》还记载了明堂一个更有意思的特点：

第十六章 臣轨子训

> 上为圆盖，九龙捧之。上施铁凤，高一丈，饰以黄金。

九龙捧凤。中国自古以来就是龙为男，凤为女，也从来是龙在上，凤在下，而武则天建筑的明堂是以凤为核心，九龙捧之。很明显这是武则天在反击那些抨击她女子为帝的声音。"自古以来"就是对的吗？"自古以来"就不能改吗？我在最高等的祭祀场所上刻九龙捧凤，那又能如何？

不仅如此，武则天还在明堂后建了一个百丈高的巨大佛像，后来又铸造九鼎放置在明堂内。

武则天的"神明"、武则天的"万政"皆在这所明堂之中。这所明堂是武周政权乃至武则天本人一生的精神象征。

而为此编写的武氏明堂乐章也成为了唐代唯一付诸明堂祭祀实践的歌辞。

《唐明堂乐章》里，太宗时期的八首贞观乐章重在祭祀程序，而武氏明堂乐章共十一首，除了加入祭五帝内容，最特别的就是前文提到的这首《皇嗣出入升降》：

不同于其他十首曲辞大多都是在说承接天意，《皇嗣出入升降》的曲辞充满了告诫甚至警告的意味。

这首乐章曲辞是这样的：

> 至人光俗，大孝通神。谦以表性，恭惟立身。洪规载启，茂典方陈。誉隆三善，祥开万春。

权力的困境：武则天和她的时代

首句中"至人"典出《荀子·天论》中的"故明于天人之分，则可谓至人矣"，意思是明白了大自然与人类社会的区别，就可以称作是思想修养达到最高境界的人了。荀子这篇《天论》开篇更是这样写道：

> 天行有常，不为尧存，不为桀亡。应之以治则吉，应之以乱则凶。强本而节用，则天不能贫；养备而动时，则天不能病；修道而不贰，则天不能祸。

大自然的规律永恒不变，它不为尧而存在，不为桀而灭亡。用导致安定的措施去适应它就吉利，用导致混乱的措施去适应它就凶险。加强农业这个根本而节约费用，那么天就不能使他贫穷；衣食给养齐备而活动适时，那么天就不能使他生病；遵循规律而不出差错，那么天就不能使他遭殃。

《皇嗣出入升降》首句引用《荀子·天论》，是在告诫当时身为皇嗣的李旦要明白天和人的区别，要顺应天意，就差没把"你给我听话"五个字印在李旦额头上。

第二句中的"大孝"，其解释可见贾谊《新书·道术》中的"子爱利亲谓之孝，反孝为孽"，意思是子女对父母敬爱顺意就是孝，反过来就是作孽。武则天这是明里暗里压着李旦要孝顺。讽刺的是，贾谊这句话前半句是"亲爱利子谓之慈，反慈为嚚"，"嚚"就是顽固愚蠢和奸诈的意思，而武则天对子女何止是不慈,简直是残忍。她要求子女的孝顺,完全是忽视义务谈权利。

尾句中的"三善",则出自《礼记·文王世子》:

> 君之于世子也,亲则父也,尊则君也。有父之亲,有君之尊,然后兼天下而有之。是故养世子不可不慎也。行一物而三善皆得者,唯世子而已。其齿于学之谓也。

所谓"三善",指的是指父子、君臣、长幼之道。"行一物而三善皆得"也就是说作为皇嗣与皇帝的一举一动之间都要遵循父子、君臣、长幼之道。武则天依旧在强调皇嗣要谨言慎行,孝顺守礼。

《皇嗣出入升降》处处讲的都是遵守天意、重视孝道、固守本分,曲辞主旨不是对上天宣示虔诚,而是对李旦的警示和规劝。

很难想象,武周这十余年里,每当明堂举办活动,奏响这首《皇嗣出入升降》时,堂上跪拜的李旦是怎样的心情。一次次承接天意的祭祀,也是一次次对他的训诫。《大明宫词》里武则天有一句台词:"你们要听话。"可再温顺的绵羊也有脾气,再孝顺的孩子也是有怒火的,李旦也不会例外。

《臣轨》反映出,武则天对臣子的要求是忠诚,"诚"为上;而《皇嗣出入升降》则反映,出武则天对孩子的要求是孝顺，"顺"为上。如果说《臣轨》里的武则天对臣子来说已经是一个苛刻的老板，那么《皇嗣出入升降》表明，对于皇子来说武则天则更像一个噩梦。

就像武周时期大臣的"诚"某种角度是被告密制度逼出来的一样，武则天孩子的"顺"某种角度也是被她用权力压出来的。

而他们都像一座座活火山，外表平静，下面却是沸腾的岩浆，只是在等待一个爆发的时刻。

那就是明堂盟誓。

第十七章　明堂盟誓

武则天登基时已经六十七岁,这个年龄无论在哪个时代都是一位老人。即便她后来又撑了十五年,可她始终没法回避立继承人的问题。

虽然她在登基那一年就立了李旦为皇嗣,可武氏从未放弃过对太子之位的冲击,单是武承嗣就冲过两次:

天授二年九月,凤阁舍人张嘉福指使洛阳人王庆之等数百人上表,请求立武承嗣为皇太子。延载元年,不死心的张嘉福再次让王庆之纠集地痞混混们出头,请求立武承嗣为太子。

武则天两次都拒绝了,可她为了打压李唐势力,终究是没有禁止武氏对太子之位的冲击。

这就导致李旦虽然名为皇嗣,但由于他的长子李成器皇太孙

权力的困境：武则天和她的时代

位置被取消，太子之位就成了各方角逐的香饽饽。

武则天的暧昧态度导致立太子一事悬而未决，其实恰恰反应的是武则天自己内心的矛盾。

一直以来，我们都站在李唐的角度来看待武则天窃国这一件事。但如果我们站在武则天的角度，其实很容易理解她为什么迟迟不能把继承人确定下来。

武则天作为一个政治家，她很清楚如果不是武氏继承大周皇位，结果就是她死周亡。如果立自己的儿子为皇储，李唐必定会复国，那么武则天就会处在一个非常尴尬的位置：作为李治的遗嘱执行者，她并没有完成自己应该做的事；作为李显和李旦的母亲，她没有尽到母亲的职责，毕竟虎毒还不食子，武则天对自己儿子比老虎还要恶毒；作为一国的太后，她不但没能维护这个国家的安定，反而趁乱打劫。面对这样的乱臣贼子，李唐复国后还能原谅她吗？会不会在她死之前，就把她干掉？

而她的这些担忧，其实在她死之前也统统都实现了。

那么这时候大臣的意见就非常关键了。

宋朝，文彦博总结过一句话很能说明君王和大臣的关系："为与士大夫治天下，非与百姓治天下也。"

中国古代帝王和大臣是统领和合作的双重关系，名义上你领导我，但实际上我们是合作。大臣的意见为什么重要，不是因为他的话多有智慧，而是因为他的意见代表他们这个阶层的态度。

之前说过，武承嗣曾经带领着群众搞封建迷信，被李昭德给

第十七章 明堂盟誓

打跑了。可李大人也知道,恶犬常有,讲理狗主不常有,关键还是得搞定狗主人。

《旧唐书·李昭德传》记载:

> 延载初,凤阁舍人张嘉福令洛阳人王庆之率轻薄恶少数百人诣阙上表,请立武承嗣为皇太子。则天不许。庆之固请不已,则天令昭德诘责之,令散。昭德便杖杀庆之,余众乃息。昭德因奏曰:"臣闻文武之道,布在方策,岂有侄为天子而为姑立庙乎!"

大家请注意"岂有侄为天子而为姑立庙乎"这句名言,最早说这句话的人并不是狄仁杰,而是李昭德。而李昭德说了这句名言后还更进一步,用一句更毒的话作结尾:

> "况陛下承天皇顾托而有天下,若立承嗣,臣恐天皇不血食矣。"则天寤之,乃止。

就是说陛下你的天下来自天皇(李治),如果你立了武承嗣,我担心天皇(李治)得不到祭祀。言下之意,你的良心不会疼吗,你以后还有何颜面去见李治。

这话狠到了这个地步,言外之意是大臣们还是要给天皇血食,其实就是表明他们还要尊李唐宗室。如果武则天坚持要立武承嗣，绝对不会得到大臣们的支持。

武则天只能沉默，此后就没再提立武承嗣的事，更绝的是她还直接罢黜了武承嗣摄政的权力，把他调到了更加空闲的职位。

按理说，到这个份上，武氏也应该放弃，可是他们根本不放弃。

《资治通鉴》记载，圣历元年，即698年，武三思和武承嗣一起谋太子位，被狄仁杰阻止了。

当时李旦虽然被赐武姓，但在外，他依旧自称姓李。估计也是因为这个原因，武则天一直对他非常不放心。武承嗣和武三思就经常使人对武则天说："自古天子就没有以异姓人为自己的皇嗣。"于是武则天不由地开始犹豫了。

这时狄仁杰敏锐地察觉到了武则天的心理变化，立刻上前说道："文皇帝（李世民）定天下，传给子孙。大帝（李治）将两个儿子托付给陛下，现在陛下既然打算把皇位给外人，这难道符合天意吗？况且，姑侄和母子，哪一个更亲？陛下传位给儿子，则千秋万岁后，配享太庙，承继无穷。如果传位给侄儿，却从未听说侄为天子而祔姑母于太庙的。"

武则天当时虽然被说中了软肋，但也不想立刻就把这事给定了。就像前文分析的，一旦太子的事定了，武周的统治也就宣告进入倒计时了。

这也是武氏明知道不可为，依旧要争夺太子位的原因。一旦他们不争，就等于宣告武氏为皇族不过是昙花一现，不仅会失去

第十七章　明堂盟誓

未来，连现在拥有的一切都会保不住。

说到底，有武则天才有武周，有武周才有武氏，没有武周，武氏什么都不是。

可狄仁杰作为李唐大臣，无法接受武氏成为皇族的可能性。他在话里把李世民到李治的继承关系说了一遍，并不仅仅是威逼武则天，而是通过讲清李家继承关系，说明一个很简单的事实：

当今的天下是由李家三代人的政治势力一点点发展起来。不仅朝堂，就连全天下整个官僚体系都是在李唐统治下建立起来的。如果武氏上位，就必须把现在的官员全部大清洗，这就不仅仅是几个酷吏扰乱朝堂的问题，而是整个朝野都要被血洗，天下必定大乱。

这是狄仁杰等官员万万不能接受的。

眼见武则天不愿意松口，狄仁杰后来又联合鸾台侍郎同平章事王方庆、内史王及善等一再进言，就是要向武则天表达他们绝对无法接受武氏的态度。

以往那些阻止武氏的大臣都因为各种理由或是被贬或是被杀，狄仁杰刚刚从牢狱里出来，又是武则天亲自扶持，却也尊李唐宗室。天下何人不尊唐！

这和刘邦的太子刘盈找来商山四皓做场面让刘邦认输是一样的道理，狄仁杰代表整个大臣阶层，表示了对李唐的支持。面对群臣坚决的表态，武则天终于彻底接受了周朝到她为止的结局。

既然武周注定灭亡，那么武则天就要考虑怎么善终了。

她要和大臣谈，可怎么谈呢？总不可能直接说，好，我认输，你们看着办吧。

所以武则天就采取了这样一种方式：

> 他日，又谓仁杰曰："朕梦大鹦鹉两翼皆折，何也？"对曰："武（鹉）者，陛下之姓，两翼，二子也。陛下起二子则两翼振矣。"太后由是无立承嗣、三思意。

武则天找狄仁杰解梦，狄仁杰又不是心理医生，武则天找他的真实目的当然也不是解梦。她问宰相，自然是问天下事。

狄仁杰的回答是："起二子则两翼振矣。"

狄仁杰的态度就是，只要武则天承诺把天下还给李家，那么大臣们会保证：第一，陛下现在的统治不动；第二，陛下可以善终。

武则天稍做思考，就把武承嗣和武三思给卖了。李显被确定为太子后，武承嗣忧愤而死。

武则天迟迟不愿意还政于李唐，一个很重要的因素就是怕李唐对武周清算，自己不得善终。所以她再三确定了宰相狄仁杰的承诺后，方才把李显召回来。可直到这个时候，她还是不放心。毕竟李显是个什么样的人，她心里还是有点数的。

于是，在圣历二年四月壬寅，武则天"命太子、相王、太平公主与武攸暨为誓文，告天地于明堂，铭之铁券，藏于史馆"。

第十七章　明堂盟誓

誓文的内容如今已经不得而知，可大家也可以猜到，无非就是要李唐和武周和解，完成武周到李唐的交接，让她可以有一个安稳的晚年。

明堂盟誓无论是对于政事还是对于武则天个人都非常重要。

但武周和李唐怎么可能和平相处呢？

武则天杀了那么多的李唐宗室，不是每一个李家男儿都像李显那么"识趣"，比如曾经被立为皇太孙的李显长子、懿德太子李重润。

李重润原本是高高在上的皇太孙，一夜之间就被流放，要他跟着一起盟誓和武周和解，他未必心甘情愿。尤其是圣历二年时，李重润不过是一个十七岁的热血少年。

其中一个表现就是，李显回来后，他的子女都分别和武氏相关势力联姻，唯独李重润和当时才五岁的李重茂没有。李显庶长子李重福迎娶了张易之的外甥女，李重俊迎娶了武则天母亲的族人杨氏，新都公主嫁给了武延辉，永泰公主嫁给了武延基，安乐公主嫁给了武崇训。

而身为嫡长子的李重润当时已经到了适婚年龄，其兄弟姐妹也都成亲，唯独他没有结婚，最后还是冥婚。

李重润在《旧唐书》里有"重润风神俊朗，早以孝友知名"的评价，就是说这个小伙子长得好、风度佳，且以孝顺善良闻名于朝中。这样一个高富帅的皇族小伙，人又好心又美，难道还找不到一个合适的结婚对象？

比较可能的就是他不接受与武周联姻，而他作为未来的太子，武则天又怎么会让他娶来自别的势力的女子？于是两方就这样耗着。

李重润的死很蹊跷，因为仅仅在《旧唐书》这一本书里就写了四个不同的版本。

一、李武纷争，勒令自杀。

《旧唐书·外戚传·武延基》记载：

> 子延基袭爵，则天避其父名，封为继魏王。寻与其妻永泰郡主及懿德太子等，话及张易之兄弟出入宫中，恐有不利后忿争不协，泄之。则天闻而大怒，咸令自杀。复以承嗣次子延义为继承魏王。

二、易之谗言，勒令自杀。

《旧唐书·则天武后纪》记载：

> 大足元年九月，邵王重润为易之谗构，令自死。

三、窃议二张，李显杀之。

《旧唐书·张行成传附张易之》记载：

> 则天春秋高，政事多委易之兄弟，中宗为皇太子，太子

男邵王重润及女弟永泰郡主窃言二张专政。易之诉于则天，付太子自鞠问处置，太子并自缢杀之。

四、窃议二张、则天杖杀。

《旧唐书·懿德太子传》记载：

大足元年，为人所构，与其妹永泰郡主、婿魏王武延基等窃议张易之兄弟何得恣入宫中，则天令杖杀，时年十九。

到底哪种说法才是真相呢？

首先，李重润窃议二张让武则天生气的说法是不成立的，因为当时的二张德不配位，不被窃议是不可能的。他们基本上是天天被广大人民群众狂戳脊梁骨，而他们也知道行事要低调，说两人是顶着龟壳在过日子也不为过。

拍他们马屁的人是多，可正义群众更多，而且大唐看热闹群众的义愤填膺比我们现在还有过之而无不及。有人夜间在张昌仪家大门口贴大字报："一日丝能作几日络？"意思是看你几时完。

张昌仪既没有报官，也没有和武则天哭诉，自己默默把字擦了。结果擦了人家又写，他再擦，人家再写，彼此胶着了七个晚上。眼见群众的毅力是无穷的，张昌仪没了办法，只能在下面回一句："一日亦足"，认怂求饶，这件事才算完。

权力的困境：武则天和她的时代

群众都能到他家门口骂他了，张昌仪不和女皇说一声，难道是因为他特别大度吗？当然不是，是因为张易之兄弟知道，武则天对他们宠归宠，可女皇是不会为他们这样的"玩物"和人急眼的。

事实上，朝廷的大臣对张易之兄弟的态度，就是公开表示坚持群众的立场坚决不动摇，并且抓住一切机会骂张易之兄弟，仿佛把骂张易之兄弟视作每个大唐和武周人应尽的义务。

久视元年，也就是700年，张易之在武则天犒劳群臣的宴会上拉着一些皇商赌博玩。其实这在唐朝宴会很正常，睁一只眼闭一只眼也就过去了，可宰相韦安石立刻向武则天举报，并且当场把张易之赶出宴会。武则天非但没有不高兴，还给韦安石嘉奖。

神龙元年，也就是704年，武则天患病，避居深宫，不肯召见宰相，只由张易之兄弟侍疾。崔玄暐进言道："太子与相王足以侍奉汤药，宫廷禁地，不宜异姓人随意出入。"这是公开和女皇讨论张易之兄弟了。武则天虽然没采纳他的意见，可也没生气，反而说："我十分感激您的厚意。"

如果武则天不介意外臣说，但家里人说不行。那问题来了，二张出入宫中干政，是多少人都已经说烂的事，外臣都能公开和武则天讨论，没理由说武则天听孙子说就要对孙子喊打喊杀。何况张昌宗就是太平公主献给武则天的，而且她不但献，还提前试用了，这也没见武则天生气。

第十七章 明堂盟誓

所以，李重润窃议二张惹武则天生气的说法不成立。

那么，如果是易之谗言，他要说什么才会激怒武则天呢？

就像他们后来拿魏元忠跟随李重俊诛杀武三思一事诬陷魏元忠造反一样，他们如果要陷害李重润，挑的肯定也是武则天最在意的点：李重润的未来太子身份。

李重润作为李显的嫡长子，就是未来的太子，他的行为举止对于武则天来说非常重要。从这个角度来说，李武纷争和易之谗言两个版本的说法就对上了。

前文提到，武则天具有李唐遗嘱执行者和武周创造者双重身份，李唐和武周的和解是她善终的关键。所以当有人威胁到这一点的时候，她肯定会暴怒。张易之作为武则天的枕边人对此当然清楚。李重润和妹夫武延基因二张出入宫廷的事"忿争不协"，深知武则天此时心理状态的张易之立刻抓住了这个机会，直指要害。

通过太子府的联姻状况，大家也知道，李重润是李显太子府里唯一一个不愿意和武周扯上关系的人，而他将来必定是太子。李重润能顶住压力，和他作为唯一的嫡子有条件抵抗也有直接关系。

二张是依附武则天存在的，没有武周就没有他们。面对已经表明立场的李重润，他们是不可能让李重润上位的。

李重润与其说死于武则天的猜忌，不如说是因其政治上的幼稚和本身过于刚直的个性，死于政治斗争。

权力的困境：武则天和她的时代

李重润和武延基关系不可能亲善到能到一起说悄悄话。武延基的父亲武承嗣会死就是因为李重润的父亲李显回来当了太子，李显对于武延基来说就是杀父仇人。而武承嗣和武延基对于李重润来说也有着夺权之恨、夺家之仇。就算武延基娶了李重润的亲妹妹永泰公主，可两人的关系并不亲睦。

这一点，从永泰公主墓的考古发掘中也得到了验证。

在此之前，大家从史书里得到的信息仅仅是李重润和妹妹永泰公主、妹夫武延基一起死在这场风波中。可随着永泰公主墓的考古发掘工作开展，我们发现她的墓志铭透露了很多信息：

首先，武延基并不是被杖杀，而是自刎。墓志铭中有"自蛟丧雄锷"之句，"蛟"指的是武延基，"锷"指的是刀剑大开口。

其次，永泰公主死于难产，而不是自杀。墓志铭说她是"柏舟空泛，珠胎毁月，怨十里之无香；琼萼凋春，忿双童之秘药"。"珠胎毁月"，相信大家也能看出，公主是死于难产，而且一尸两命。考古学家通过遗留下来的尸骨也验证了这一点。

墓志铭中的"琼萼"指的则是她皇族的身份。永泰公主在当年九月四日死于难产，而她的丈夫、兄弟死于九月三日，死期只相差一天。可见那一场风波是多么骇人，让跟着父母流放归来的永泰公主经受不住。

这里有一个典故值得注意就是柏舟。

柏舟取自《诗经》中《国风·邶风·柏舟》，有人说此诗

第十七章 明堂盟誓

是由卫宣夫人宣姜所作,暗指永泰公主守寡。但宣姜后来嫁了二夫,永泰公主则在丈夫死后也紧跟着就死了,和宣姜情况并不相似,此引并不成立。

但如果"柏舟"是通过诗的内容,来引出永泰公主死亡的背景故事呢?

我们来看看这首诗写的是什么。

这首诗讲的是一个女子遭遇命运的不公,苦于无处诉苦的哀怨。其中有一句是这样的:

> 我心匪鉴,不可以茹。亦有兄弟,不可以据。薄言往愬,逢彼之怒。

意思就是,我心并非一面镜子,不能一照都留影。我也有长兄与小弟,不料兄弟难依凭。我前去诉苦求安慰,竟遇发怒坏性情。

永泰公主的死的确和兄弟是有直接关系,正是他们的暴怒带来此结果,也就是《旧唐书》记载的"恐有不利后忿争不协"。

也就是说,懿德太子是因为发怒后和武延基争吵,被武则天处死。

我们再来看看《旧唐书·外戚传·武延基》是怎么记载这件事的:

子延基袭爵，则天避其父名，封为继魏王。寻与其妻永泰郡主及懿德太子等，话及张易之兄弟出入宫中，恐有不利后忿争不协，泄之。则天闻而大怒，咸令自杀。复以承嗣次子延义为继承魏王。

"泄之"，那么是谁把李重润和武延基吵架的事告诉给武则天？不可能是张易之本人偷听了墙角，又去进谗言，否则他在这件事里的戏份多得要用替身了。

事实上，《资治通鉴》中记载，李显登基后，韦后说过一句话："重润之死，重福为之也。"就是说李重润的死是李重福的过错，而李显是表示认同的。

李重福的妻子正是张易之的外甥女。

李重福出生于680年，比李重润大两岁，他是李显的庶长子。如果李显唯一的嫡子李重润不能当太子，剩下的儿子都是庶子，按照中国古代立嫡立长的规则，长子便有优先继承权。李重福就是李重润下台的直接获益者。

懿德太子这个案子真是让人深思。

李重福娶张易之外甥女，必定是从房州回来后。因为张易之上位大约是在圣历年间，也就是698年左右，而当时李显还带着一大家子在房州，天天嚷着要自杀，能不能回来都是未知数。

李重福是不是从迎娶张易之外甥女时就和他达成了这个默

第十七章　明堂盟誓

契？并且他在李重润和武延基争吵这件事中除了告密之外，是不是还做了什么别的，让韦后如此记恨？

要知道，李显一上台，韦后就驱逐了李重福。即便景龙三年大赦天下，别的被流放的人都能回来，李重福依旧没有得到宽恕。

李重福在这件事中到底参与了多少，只能留给后人猜测。

至于李重润到底是被武则天还是被李显赐自杀，其实都是一回事，即便是李显下的命令，也是被武则天所逼，迫于无奈。唯一的区别就是，如果李显亲自问罪，然后让唯一的嫡子自杀伏罪，最能达到敲山震虎的目的。因为武则天之所以想杀李重润，是因为他作为李显的嫡长子违背了明堂盟誓的约定。

所以武则天表面上杀的是李重润，实际上是在给李显敲警钟。

当然这是我个人更倾向的一个观点，没有充足的证据。不过基本可以确定的是李重润和武延基都是被赐自尽。

我每次读到这个故事的时候，都不由想到，这世界上真有因果报应吗？

当年李显和母亲合作，一起坑害了自己的亲哥哥，让他抑郁而终。如今李重福和张易之合作，一起坑害了自己的弟弟，让他死于非命。

李显夜深人静的时候会不会想起种种往事。李贤和李重润都是被至亲背叛，遭到谗言陷害。当年哥哥死的时候，李显无动于衷，如今老天不但让他的长子重复自己当年的罪行，还让他亲自动手赐死自己唯一的嫡子。

老天爷到底是公平，还是不公平呢？

第十八章　神龙政变

自此事后，武则天对明堂盟誓已经失去了信心。她也算看明白了，在政治斗争中，誓言是最不靠谱的东西。

于是在李重润死后，武则天反悔了，至少她表现出了这样的态度。

大家都知道，武则天自圣历年迎回李显，她死后归政李唐已经是尘埃落定。但这个结论是我们作为后人已经知道结果的情况下得出的，而在当时的人看来，事情仍有变数。

武则天此时已经是将近八十岁的老人，已经没有精力去斗，所以她才寄希望于明堂盟誓，希望用誓言稳住李唐。换句话说，如果李唐不遵守誓言，武则天此时也没把握能和他们硬抗。

于是，借由李重润事件，武则天开始调整对李唐的策略，改

权力的困境：武则天和她的时代

安抚为控制。

我为什么强调懿德太子事件对武则天的影响，因为就在这事发生的前一个月，即大足元年八月，一个叫苏安恒的人给武则天进言，希望她能还政于太子，并且罢黜武姓亲王。武则天当时虽然没有答应，但是却赐给苏安恒食物，安慰他。可见此时，武则天对把天下交还给李唐还是接受的。

可到了第二年五月，同样是这个人，同样的上书，同样的内容，得到的却是武则天"不从"的回应，只是没有追究他的罪责。

除此之外，长安三年，公元703年，张易之的家奴在大街上横行不法，被宰相魏元忠下令用杖刑打死。张氏兄弟当然知道与其说他打的是家奴，不如说是打自己的脸，于是张昌宗就诬陷魏元忠，说他曾和司礼丞高戬私下说太后老了，不如挟太子以图长久之计。

这句话戳了武则天气管，她立马命魏、高二人和张昌宗当面对质。张昌宗暗中收买凤阁舍人张说作伪证，但张说到了现场立刻反悔，直接把对质现场变成了对张昌宗的揭发现场，把他收买自己的事全部说出来。

可即便查出来此事是二张诬陷，魏元忠是无辜的，武则天还是降了魏元忠的职，还把他赶出长安。这样处理的真正原因无非就是魏元忠支持太子，引起此时武则天的不满罢了。

武则天并没有止步于此。长安四年，东宫重要官员多被外

第十八章 神龙政变

放。长期兼任李显东宫官职的宰相韦安石出为扬州大都督府长史，宰相唐休璟兼太子右庶子，也外任到东北边境。

种种行为都表明，武则天开始对李显有了戒心。

无论她的这种戒心是出于对儿子背叛的恐惧，还是出于君主对臣子犯上的谨慎，对于好不容易争取到李唐回政的大臣们来说，都不是一个好消息。武则天似乎又打算玩那一套用太子位吊群臣的把戏。

但这一次，她彻底失败了。一直忍耐着的大臣和李唐宗室终于爆发了。

神龙元年正月二十二日，神龙政变爆发。二十三日，武则天颁下制书，由太子李显代理国政，大赦天下。二十四日，武则天将皇位传给李显。

神龙政变的起因其实很简单，就是武则天病重，既不愿意接见群臣，也不愿意见儿子，只有二张在她身边。李显兄妹三人联合五个大臣，对武则天实行名为清君侧，实则趁她病要她命的宫廷政变，逼着武则天让权给李显。

这场政变之所以会在神龙元年发动，就是因为武则天当时病重，不见群臣，可国家政事还是要办，她必定放权给大臣，这就给了大臣和李唐可乘之机。

武则天当然不是傻子，她把权力交给的都是她最信任的大臣，可正是这些她最信任的大臣发动了神龙政变。发动神龙政变的这五个大臣分别是凤阁侍郎张柬之、鸾台侍郎崔玄暐、左羽林将军敬晖、右羽林将军桓彦范、司刑少卿袁恕己。这五个人在政变之后全部被册封为王，所以神龙政变又被称为五王政变。

这其中，崔玄暐还是武则天亲自提拔的。武则天说："别人都是受人推荐，只有你是朕亲手提拔的，你为什么要这么做？"

崔玄暐回答："我正是为了报答陛下。"

这五个大臣有的已经是宰相，有的年纪已经很大了，比如已知年龄的三人中，张柬之时年八十岁，崔玄暐时年六十六岁，桓彦范时年五十二岁。你很难解释说他们发起政变是因为头脑发热或是想更进一步。功业以他们的年纪和地位来说也已经是浮云，他们并没有那么强烈的动机去策划这次政变。神龙政变表面是五王谋划，实际深扒下去，背后的主谋是李唐宗室。

政变爆发时，安定郡主的驸马王同皎等赴东宫来接老丈人李显时说："先帝以神器付殿下，横遭幽废，人神同愤，二十三年矣。"

"人神同愤"说的正是武则天，这并不是一次普通的大臣夺权事件，而是针对武则天。

政变中，李显被女婿抱上马硬拖到了现场，而相王李旦直接统率南衙兵马，将韦承庆、房融及司礼卿崔神庆等张易之的同党逮捕下狱。

事后论功行赏，李显"以并州牧相王旦及太平公主有诛易之兄弟功，相王加号安国相王，进拜太尉、同凤阁鸾台三品；公主加号镇国太平公主，仍赐实封，通前满五千户"，可见神龙政变

第十八章 神龙政变

背后的主要谋划人就是李氏兄妹三人。

武则天退位,被打入冷宫,张昌宗兄弟被杀,武氏宗亲成为了历史,三兄妹终于可以重新回到那个没有武皇帝的岁月。故事到此本来应该结束了。

本来应该如此的。可李显到冷宫见过武则天后,突然态度大变。

《资治通鉴考异·卷十二》载:

> 太后善自粉饰,虽子孙在侧,不觉衰老。及在上阳宫不复栉頮,形容赢悴。上入见,大惊。太后泣曰:"我自房陵迎汝来,固以天下授汝矣,而五贼贪功,惊我至此。"上悲泣不自胜,伏地拜谢死罪。由是三思等得入其谋。

武则天以擅长打扮、不显老著称,而她退位后就不再梳妆打扮。李显见到的武则天面容憔悴,如同老妇。李显从未见过武则天这个样子,大惊失色。武则天哭泣道:"我从房陵把你接回神都,固然是要把天下托付于你,而五贼(参与神龙政变的五位大臣)却贪求事功,把我惊动到这里。"李显听后,悲泣不已,跪地"拜谢死罪"。自此武三思等人死灰复燃,仍能够参与朝政。

"拜谢死罪"这个词很有意思,如果把它解释成"跪拜谢罪",李显后来的一系列行为就无法理解的。

李显这里是在内疚吗?应该有内疚的成分,但恐怕不多。

"拜谢死罪",如果把"拜谢"和"死罪"分开来解释,就好理解了。

《汉书·卫绾传》记载:

> 上问曰:"吾为太子时召君,君不肯来,何也?"对曰:"死罪,病。"

汉景帝问卫绾:"我当太子时召见你,你不肯来,是为什么?"卫绾回答:"我真该死,我是病了。"所以,这里的"死罪"不是字面意义上的死罪,而是臣子在对皇帝表示道歉,说自己该死。"拜谢"则显然是感激。

回到李显这里。武则天说完那番话,李显回应感激和歉意。歉意我们懂,毕竟李显参与发动了政变,可他为什么会感激呢?总不会是这个时候感激武则天把自己召回来立为太子吧?如果他会为这事感激,也没必要参与政变了。

事实上,武则天这短短的一句话,是在提醒李显那被他有意无意忽略了很久的真相。

那就是神龙政变的主谋到底是谁。

神龙政变是李显、李旦、太平公主三人共同发动的,当然,兄妹三人中,也有一个是主谋。至于这个主谋是嫡子被杀的李显,还是忍辱负重的李旦,还是野心勃勃的太平公主,《旧唐书》给了两个完全不同的答案。

第十八章　神龙政变

一、李显主谋论

《旧唐书·则天皇后本纪》载：

　　麟台监张易之与弟司仆卿昌宗反，皇太子率左右羽林军桓彦范、敬晖等，以羽林兵入禁中诛之。

二、李显从犯论

《旧唐书·中宗本纪》载：

　　时张易之与弟昌宗潜图逆乱。神龙元年正月，凤阁侍郎张柬之、鸾台侍郎崔玄暐、左羽林将军敬晖、右羽林将军桓彦范、司刑少卿袁恕己等定策率羽林兵诛易之、昌宗，迎皇太子监国，总司庶政。

《新唐书》和《资治通鉴》全部采取了后者的说法。尤其是《资治通鉴》，完全把李显描写成了一个胆小怕事的小人。

　　癸卯，柬之、玄、彦范与左威卫将军薛思行等帅左右羽林兵五百余人至玄武门，遣多祚、湛及内直郎、驸马都尉安阳王同皎诣东宫迎太子。太子疑，不出，同皎曰："先帝以神器付殿下，横遭幽废，人神同愤，二十三年矣。今天诱其衷，北门、南牙，同心协力，以诛凶竖，复李氏社稷，愿

权力的困境：武则天和她的时代

殿下暂至玄武门以副众望。"太子曰："凶竖诚当夷灭，然上体不安，得无惊恒！诸公更为后图。"李湛曰："诸将相不顾家族以徇社稷，殿下奈何欲纳之鼎镬乎！请殿下自出止之。"太子乃出。同皎扶抱太子上马，从至玄武门，斩关而入。

简单而言，就是李显一开始不愿意去，女婿使劲劝，最后是李湛半威胁半劝地说："诸将相不顾身家性命和家族安危而扶保社稷，殿下怎么能就此放弃，置众人于死地呢？如果殿下要阻止大家，请您自己出去跟大家说。"

为了你李家的江山，大家命都不要了，你还好意思当缩头乌龟吗？李显明白反正横竖自己是跑不了了，才出了门。最后还是大女婿把他抱上马，让他进了玄武门。

说句题外话，政变的确不光荣，可是唐朝历次政变里，弄得那么猥琐的也只有李显一人。

那么问题来了，明明李显是神龙政变最大获益者，为什么欧阳修和司马光都不认为他是主谋呢？

原因很简单，因为后来李显对待这五个帮助他获得皇权的大臣的做法，简直可以用四个字形容：灭绝人性！

张柬之在政变时已经是八十岁的高龄，结果李显登基后做的第一件事就是夺他的权，然后把他流放到泷州，让他气急攻心而死。

崔玄暐被流放到了古州，在途中病逝，当时他也已经是一个

第十八章　神龙政变

六十七岁的老人。

剩下的三人敬晖、桓彦范和袁恕己都被周利贞虐杀，行径更是极尽残忍：

袁恕己根据当时的养生方，平时喜欢吞食黄金，周利贞便逼他喝下野葛汁。袁恕己体内毒发，疼痛难忍，以手抓地，指甲全被磨尽，却仍不能死，最终还是被周利贞击杀。

桓彦范在前往瀼州的路上被周利贞追上，被人绑缚在竹槎之上拖行，皮肉都被竹槎刮掉，最后被乱棍打死。

敬晖更是被周利贞一刀刀凌迟至死。

虐杀他们的周利贞在回到长安后第一时间就升为了左台御史中丞。

很多影视作品都描述，周利贞虐杀大臣的幕后主使是武三思，而他本应是李显的敌人，李显不过是被骗，他是无辜的。

可史书上明确记载，流放这五个大臣的就是李显。虽说周利贞虐杀五王是假传圣旨，但他回来以后并没有被责怪，反而升了官，而这个官位也是李显给他的。如果说武三思是周利贞的直接上级，那么李显就是付定金的甲方。

武三思作为武则天曾经的太子人选，在神龙政变时，大家本想要杀了他。比如在政变中也出了大力的洛州长史薛季昶就对敬晖进言："二凶虽除，但吕产、吕禄（吕后的族人）那样的人物依然存在，大人们应该借着兵势诛杀武三思等人，匡正王室，以安天下。"敬晖听后也多次向张柬之提起，但张柬之都不同意，

权力的困境：武则天和她的时代

并且留下了这样一句解释：

> 主上昔为英王，时称勇烈，吾所以不诛诸武者，欲使上自诛之，以张天子之威耳。今反如此，事势已去，知复奈何！

皇上（李显）当英王的时候非常勇敢，我不杀武家人是要留给皇上杀。反正如今他们大势已去，也不急在一时。

也就是说张柬之作为一个老谋深算的政治家，不是不知道要杀武三思，而是要留给李显杀，要让他立威。我们反过来推理，如果神龙政变中李显是主谋，他还需要大臣留人给他杀好立威吗？

而且更加诡异的是，大臣们留给李显杀的人，结果在李显当皇帝以后步步高升，甚至和韦后关系暧昧，李显也不生气。

如果说这五位大臣都是外人，李显有戒心，可对当时抱着他上马的大女婿王同皎，李显竟然也不信任。

王同皎此人真是一个正直的好人，他收留了落魄诗人宋之问兄弟在自己家中。谁知这两兄弟却密告他要在武则天葬礼上刺杀武三思，并且连同武三思一起诬陷王同皎谋反。神龙二年三月初七，李显以谋反罪将王同皎在都亭驿前处斩。

王同皎是一个汉子，死的时候面不改色，毫无畏惧，天下莫不冤之，世人称为忠勇之士。

第十八章 神龙政变

在李显家里好人都活不久。

面对帮助自己夺回皇位的大臣和女婿，李显能杀则杀；面对自己的敌人，他却敞开怀抱。这种种反常的举动都说明了一件事：李显根本不是主谋，而是一名逼不得已的从犯。

值得注意的是，李旦此时已经和太平公主形成了联盟。李旦的两个女儿荆山公主嫁给太平公主前夫薛绍的族人薛伯阳，鄎国公主嫁给薛绍的弟弟薛儆，而太平公主的小女儿万泉县主薛氏嫁给了李旦豆卢贵妃的族人。

这个联盟里，武家人被明显地排除在外。可以这么说，李旦和妹妹的联盟就是一个以李唐为主的反武联盟。这也是李旦一直以来都在做的事情。

不同于让儿子迎娶武氏的太平公主和让子女疯狂与武氏联姻的李显，李旦既没有一个女儿嫁给武氏，也没有一个儿子迎娶武氏。李隆基后来的武惠妃是他自己娶的，跟李旦没关系。

当武则天拼命拉拢李唐和武周，恨不得每一个李唐族人身边都有一个武周族人的时候，李旦硬是没让一个武家人进自家门，天知道他当时经历了什么。从此可以看出，三兄妹中最坚定的反武核心就是李旦。

对家人的态度最能反映一个人的性格，李旦未必像大家以为的那样软弱可欺。

李旦以宽厚闻名于史册，但这位宽厚的帝王，对于武三思却恨之入骨。他即位后，将武三思父子斫棺暴尸，夷其墓，就是要他们永世不得超生。这在李旦的人生中是独一件。

其实细观武三思的所作所为,他并没有直接伤害过李旦,李旦对他的恨意从何而来呢?如果说这是李旦对武家人的恨,但他对武承嗣就没有如此过激的行为。要知道比起曾离太子位近在咫尺的武承嗣,武三思还有两道银河需要跨越。

我们回过头来,再来仔细翻看策划神龙政变的五位大臣。这五位大臣里,有四位都直接或者间接和李旦有着密切的关联。比如袁恕己为相王府司马,凤阁侍郎张柬之是宰相姚崇推举上来,而姚崇曾任相王府长史。

《资治通鉴》记载:

> 俄而姚元之自灵武至都,柬之、彦范相谓曰:"事济矣!"遂以其谋告之。

就是姚崇从灵武回到长安,张柬之他们互相说大事可成,就把计划告诉了姚崇。

如果姚崇事前对政变之事完全不知情,那么张柬之为什么会和他说呢?如果他没有参与政变的话,岂不是节外生枝?但只要清楚张柬之和姚崇的关系,就会明白张柬之要做那么大的事,姚崇不可能置身事外。

就像兄妹三人中有一人是主谋,五位大臣中也有一位是主心骨,他就是张柬之。正是他凭借宰相权力,任用了桓彦范、敬晖

第十八章 神龙政变

以及右散骑侍郎李湛，让他们担任左、右羽林将军，把禁军交给他们指挥，才让这次政变成为了可能。

也就是除了武则天亲自提拔的鸾台侍郎崔玄暐，其余四人或多或少都是因为相王而走在了一起。

很早之前，朱敬则在被贬离开长安时，曾嘱咐同僚刘幽求说："相王必膺期受命，当须尽节事之。"就是说相王才是天命所归的天子，你们应该竭力帮助他。

这就解释了为什么政变当天李显是被人抱上马的，李旦是自己带着人冲进去的，因为李旦才是真正神龙政变的主谋和主要支持者。所以李旦登基后，才要为这些义士忠臣一一平反，为他们报仇。

有时，我会想，李旦一生唯一一次掘人棺，他恨的究竟是武三思，还是那个自己没办法责难的兄长？

当我们把这层关系捋清之后，神龙政变里主角们的种种反常行为也就有答案了。

如果你是李显，你回到了陌生的都城，朝中大臣多半都是你不认识的，你唯一可以依靠的就是目前支持你做皇帝的母亲。这时，你会怎么做？

恐怕你也只有顺从母亲的所有决定，极力攀附武周。

所以李显把所有的嫡女都嫁给了武氏，疯狂与武氏联姻。儿子惹下祸事让他胆战心惊，可他忍辱负重，还是熬过来了。

就在这个时候，弟弟突然带了一群人过来说要政变，而且这场政变是要反抗那个像天一样不可抗拒的母亲。自己的两个女婿被弟弟说服,一起来劝他,甚至后来劝不动直接把自己架上了马。从东宫走进玄武门,自己看到的是弟弟的人马控制住了整个皇宫,架空了高高在上的母后,最后把整个皇位都抢下来给自己戴上。

如果你是李显,坐上了皇位,看着跪在台下高呼万岁的弟弟,你是开心多一点,还是恐惧多一点?而眼前的五位大臣,你会认为他们是功臣,还是帮凶?弟弟和他的大臣们,还有他们想杀的武三思,到底谁是你的敌人,谁是你的伙伴?

恐怕也说不清了。

说白了,李显和李旦两人走的根本就不是一条路。

李显被发配到房州已经过了十数年,他对于长安的局势,对朝廷的变化是一片茫然。李显无论是讨好二张,讨好武三思,讨好韦氏,甚至结交上官婉儿联盟,背后都是因为在朝廷上的孤立无援。他没有自己的政治势力,无论李唐还是武周,他哪边都不靠。

以至于他上台后干了一件超级昏事,直接为唐朝的灭亡埋了一颗定时炸弹,那就是对宦官的宠信。

《旧唐书》记载:

> 神龙中,宦官三千余人,超授七品以上员外官者千余人,然衣朱紫者尚寡。

第十八章 神龙政变

比起对大臣大挥大刀，李显对宦官的态度的确就像史书中写的那样"性慈"。这也是唐朝宦官势力的开始。

李显深知自己无力与弟弟所代表的李唐宗室在朝廷上对抗，转而向内宫发展，想要由内及外，再通过武三思对朝臣的打压，慢慢笼络自己的政治势力。他想做的很简单，就是不支持李唐，也不支持武周，只想把自己这个皇位坐稳了。理解他这层心思，你也就能明白他为什么会纵容武三思和韦后，而对相王和太子这样的李唐宗室始终保持着敌对的状态。

李显即位后，太子李重俊不满韦后和武三思把持朝政，企图发动政变，结果失败。有人诬陷太子和相王有勾结，李显是怎么做的呢？

上召吏部侍郎兼御史中丞萧至忠，使鞫之。

鞫，这个字是不是很眼熟？当年武则天也是要求李显对李重润这么做的。李显摆明了就是要逼死李旦。

萧至忠不干了，他当场大哭：

"陛下富有四海，不能容一弟一妹，而使人罗织害之乎！相王昔为皇嗣，固请于则天，以天下让陛下，累日不食，此海内所知。"

说白了就是当着李显的面算账：你当年这个位置还是相王绝食让出来的，你这岂不是吃完面反碗底，不太道德啊！

大家不要以为李显真的就是韦氏和武三思的傀儡。就在太子李重俊案中，韦后他们曾要求处死李重俊政变时所经过的诸城门守护者，李显没有同意，此事也不了了之。可见李显心里跟明镜一样，谁该杀，谁不该杀，他自己心里是有一个小本本，绝不是韦后和武三思能摆拨的。他信任韦后和武三思，是因为他不信任位高权重的李旦和曾经把他赶下台的朝廷群臣。

和李显不同，李旦的目标始终如一，就是恢复李唐。

李旦一直生活在政局变化的台风眼里，他承受李唐的委屈太多，他承受武则天的威迫太多，对武则天的手腕，他比李显清楚太多，他也明白政治上必定要有所取舍。他在整个武周时期被针对被打压，可他从来没有投降过。

他可以被压着脑袋姓武，但他始终都是李唐的相王。他宁愿把儿子送进囹牢，也不愿意让他们和武周联姻。只要有他在，李唐就在。经过那么多年的争斗，李旦已经把自己活成了李唐的标志。

这里不得不说，最为讽刺的是武则天当皇后时，常常借助李旦的相王府官位往朝堂中插入自己的亲信，这些人后来都在武周时期成为了武则天的左膀右臂。而李旦却也因为和这些大臣共同的相王府经历，将他们凝结在了一起，为恢复李唐打下了坚实的基础。

第十八章 神龙政变

所以，因果循环有时就是这么奇妙。

也正因为如此，比起不了解时局的李显，李旦一眼就看出来，武则天还在玩把太子位悬空好把自己权力维持到生命最后一刻的把戏。

此时的武则天身体已经大不如前。武氏之前数次冲击太子位不能成功，除了大臣的反对，最重要的就是武则天本人对此的压制。如今身体羸弱的武则天还有这个操盘能力吗？

二张和武氏联合后已经杀了皇太孙李重俊。李重俊是李显当时唯一的嫡子，这种虽为太子而后人缺失的架空处境，没有人比经历过武周时期的李旦更加明白。急于争抢皇位的李显庶子很可能会和武氏联合（事实上已经联合了），而已经被吓破胆的李显和武氏的联盟也越来越明显，这会让好不容易被李旦联合起来的李唐宗亲再次面临分裂。

所以，李旦等不了了，他必须要立刻就动手。

武则天承受不了明堂盟誓破灭后被李唐清算的后果，而李旦也没办法容许明堂盟誓破灭后武氏对李唐宗亲的清算。神龙政变就是明堂盟誓破灭的后果。

了解这一切后，我们再回到武则天退位后所居住的凄冷的上阳宫，回到她和李显见的最后一面，回头来看她最后那句话：

"我从房陵把你接回来，就是为了要把天下给你。结果五个贼臣贪功，把我害到如此田地。"

五臣背后是李旦，武则天自然也是知道的。知道这一点，我

权力的困境：武则天和她的时代

们再来品味武则天这番话，就能明白这绝不是那个从感业寺里挣扎出来的女人年老后的诉苦，而是一个战士临死的撕咬。

她点出了李显本来就有的怀疑和一直深藏的恐惧。

武则天直接向李显点明了，谁是你的敌人，谁是你的朋友。我把你从房陵接回来，要把天下给你，我是你的朋友。那谁是你的敌人？"五贼贪功，惊我至此"，他们是你的敌人。扩展一下，可以这么翻译：今日我身落地府，他朝君体也相同。

李旦可以翻了我扶你，以后，他也可以翻了你，扶他儿子。

看着眼前凄惨的母亲，冰冷的皇宫，以及门外咄咄逼人的大臣，留给李显的选择并不多。李显拜谢死罪。该死的是他在李旦的政变面前妥协了，感谢的则是母亲最后的提醒。

自此，李显开始和武三思合作，合力对抗李旦和五臣。

自神龙政变后，武则天再也没见过李旦。那个六岁时哭闹着"不能去阿母"的李旦，终于用最绝裂的方式彻底离开了她。而那个再忙也会在晚上去看么儿的慈母武后，也用了生命的最后一丝力气要致小儿子于死地。

女皇就是女皇，死也不放过敌人。武则天死的时候，嘴角应该是胜利的微笑。

神龙元年十一月二十六日，公元705年12月16日，武则天在上阳宫的仙居殿病逝，享年八十二岁。遗诏省去帝号，称"则天大圣皇后"，神龙二年五月，武则天与高宗合葬乾陵。

结语　权力使人疯狂

《尚书》里记载了夏朝这样一个故事：

大禹的孙子、夏的第三代君王太康喜好玩乐，没事就出去玩，完全不管国事。一次，他手下一个部落首领后羿，趁着太康出游的机会把他的国给夺了。

此后羿非彼后羿，而是有穷国的首领。"后"是夏朝君主的尊号，如果按照西方的头衔称呼，他应该叫"皇帝羿"。

但在这个故事里，后羿只是催化剂，太康也只是个配角，故事真正的主角是太康的弟弟们。太康出去玩了一百天回来，发现家没了，全家上到八十老母，下到八天小狗，不但被赶出宫殿，连都城都没办法待，全家在洛水边露营，回归原生态的野人生活。

权力的困境：武则天和她的时代

这已经不是一夜回到解放前，是一夜回到进化前。

可想而知，当弟弟们看到这个不靠谱的哥哥太康终于回来，心中的怨气也有了爆发口，于是就有了后来流传千古的《五子歌》。太康的五个弟弟轮流以爷爷大禹的口气，把哥哥太康当孙子一样训，对他进行从国政、法度到个人品行的全方位吐槽与训话。

而其中大弟所唱的歌，准确说出了整个中国古代统治者思想的根本逻辑：

> 皇祖有训，民可近，不可下。民惟邦本，本固邦宁。予视天下愚夫愚妇，一能胜予，一人三失，怨岂在明，不见是图。予临兆民，懔乎若朽索之驭六马，为人上者，奈何不敬？

翻译成大白话就是："伟大的祖先（大禹）曾有明训，人民可以亲近而不可看轻；人民是国家的根本，根本牢固，国家就安宁。我看天下的愚夫愚妇都比我更胜任国君。一人多次失误，考察民怨难道要等它暴露出来才能知道吗？应当在它还未形成之时就考察出来。我治理兆民，像用坏索子驾着六匹马一样战战兢兢，做君主的人怎么能不敬不怕？"

这首歌唱出了古代统治者的无法摆脱的困境："予临兆民，懔乎若朽索之驭六马。"治理万民，治理国家，就像用坏索子驾着六匹马一样战战兢兢。统治者看似高高在上，拥有驾驭万民的权利，可我们转念想想，只有自己一人，还要用坏的索子去操控六匹马，大路不为所控，烈马桀骜不驯，随时可能车毁人亡。

对历朝历代的统治者来说，求贤若渴就是刚需。可哪个贤臣不是一身傲骨，哪个名将不是一腔热血，他们凭什么只服你呢？自古以来，人潮汹涌，淘尽多少英雄，多少英雄马失前蹄，死在了历史的车轮下。

从这个角度来看，历朝历代的统治者，未尝不是被架在权力的马车上。

武则天也不例外。她能成为女皇，本身就是在唐初权力困局里被迫搏杀出的一条路。

唐承隋，而隋刚刚结束了自西晋之后300年动荡。中华大地不仅要面对战争的创伤，更急需建立新的社会秩序，以应对新的统一，新的天下。

就像汉承接秦后，便开始逐步用察举制，地方长官在辖区内随时考察、选取人才并推荐给上级或中央，经过试用考核再任命官职，以便填补和完善商鞅变法、世卿世禄制消亡后的权力再分配。

在这个过程中，我们才得以看见第一代平民皇帝刘邦与第一位女主吕雉。他们无一不是在权力困局下妥协，同时又深陷新的权力困局之中。

依靠地方长官推荐的察举制，逐渐垄断了朝廷的官员选拔，

权力的困境：武则天和她的时代

形成了官僚门阀集团。为了给官员注入新的血液，后来又有了九品中正制，选拔官员不再仅依靠地方长官，而是加入了中央的吏部考察，还有地方群众舆论和公共意见，结果这又造成了上下层官员的撕裂。再加上魏晋乱世，大量汉人南迁，与地方大族联合，从门阀进化成了士族。

家世成为人的筹码，也成为权力的枷锁。随着南北朝的结束、隋朝的建立，大量的地方势力被淘汰，同时也产生了大量的权力空间，地方大族和士族成为了中央统一的最大障碍。

六匹马依旧拉着权力的马车在历史大道上驰骋，而天子手中的索子依旧是坏的。

于是隋朝从科举制入手，开始提拔寒门子弟，用后起之秀打压前面的顽固势力。李渊的太原元谋功臣十七人中就有近一半出身寒门，武则天的父亲武士彟就是其中之一。

寒门子弟对上升渠道充满渴望，他们几乎不放过任何一次搞事的机会。新的社会需要新的政治力量，至于由谁带他们走向那条权力之路，其实并不重要。

楚汉争霸中，能给天下带来利益的是刘邦，所以即便他出身平民，可他依旧能成为天下之主。

刘邦之后的吕后虽然是女流，但她不仅仅是吕氏集团的代言人，更是整个功臣集团的合伙人，所以她也依旧是天下之主。

武则天能二进宫并且成为皇后，就是当唐高宗李治在身陷关陇集团的权力困局时，所开辟的一条出路。

武则天能废唐中宗李显并称帝,也是面对唐初士族和寒门的权力困境时,所搏杀出一条出路。

只不过,当武则天称帝后,当她成为这六马大车的车夫时,才发现自己手中的索子依旧是腐朽的。即便为天下主,她依旧深陷于权力的困局中。

在当时的人看来,无论武则天怎么折腾,她终究是大唐的皇后,而不是皇帝。

就拿称呼来说,目前考古发现唐人称武则天为皇帝的如"则天皇帝""圣神皇帝"者,多存在于《华严大疏抄》《华严传》等佛教文献中。考虑到武则天是佛教最大的赞助人,原因也不难想象。

而大多数唐人则依旧称武则天为"武后""天后""则天""武则天后""武太后"等,甚少有人称她为皇帝。同时大家也多称呼她为大唐天后、唐天后,极少见有大周天后或者周天后。

可见在唐人心中,即便国号变了,大唐还是大唐,武则天还是大唐皇室的女眷。武周只是大唐的一个过渡和延伸,并不是一个全新的朝代。

所以很多人高喊武则天称帝是唐朝女权复兴的象征,事实上那只是个神话,拉近一看,全是纸片花。

虽然唐朝女性地位的确要比以往要高,但这不是武则天的功劳,而是民族融合的结果。封建社会就是封建社会,女性地位再高也是有限的,武则天终究还是李家的媳妇。

权力的困境：武则天和她的时代

这么看来的话，武则天到底在折腾什么呢？她如果乖乖当太后，其实事情也会简单很多，至少她晚年不至于被丢在上阳宫里。她到底为什么一定要当这个皇帝呢？

来看看武则天称帝的首席受害者李显是怎么解释这件事。

《唐大诏令集·答敬晖等表请削武氏诸王王爵诏》载：

> 往者垂拱之中，嗣皇临政，当此之际，鲁卫并存。及乎全节兴妖，琅琊构逆，灾连七国……既行大义之怀，遂有泣诛之事。周唐革命，盖为从权，子侄封王，国之常典。

就是说，我当皇帝的时候，天下大乱，四处作妖，我妈胸怀天下，才革了唐命，好平定天下。

《唐大诏令集·不许言中兴敕》载：

> 至于天授，奸臣称乱，鼎运不安。则天大圣皇后，思顾托之隆，审变通之数，忘己济物，从权御宇。

就是说奸臣当道，武则天为了黎民百姓，不顾名声，挺身而出，拯救时局。

奸臣当道和全节兴妖，反正就是把自己撇得干干净净，都是别人犯了错，我妈才出来收拾的。

也亏得李显自己说得出口，难怪后来的元人胡三省说他无是非之心。

而到了唐玄宗李隆基的时候,他能够相对客观地评价他奶奶当皇帝的事了。一句话:"受托从权,当宁化治。"

我觉得这句话总结得很到位。

武则天当皇帝,的确有着不得已的苦衷,并不是她想不当就不当的。

"受托从权",这句话不仅是说李治把李显托付给武则天,更是说李显任性妄为,把李唐整个甩给了武则天。

《唐统纪》里记录着武则天当武太后时说过的一段话:

"朕事先帝二十余年,忧天下至矣!公卿富贵,皆朕与之;天下安乐,朕长养之。及先帝弃群臣,以天下托顾于朕,不爱身而爱百姓。今为戎首,皆出于将相群臣,何负朕之深也!且卿辈有受遗老臣,倔强难制过裴炎者乎?有将门贵种,能纠合亡命过徐敬业者乎?握兵宿将,攻战必胜过程务挺者乎?此三人者,人望也,不利于朕,朕能戮之。卿等有能过此三者,掌即为之;不然,须革心事朕,无为天下笑。"

裴炎和程务挺都是坚决地废黜中宗李显的朝臣。他们一个是朝廷重臣,一个是手握兵马,彼此照应,李显被废后的时局远远没有看上去那么平和。

权力的困境：武则天和她的时代

那么当时摆在武则天面前的常规选择就是两个：

一、扶持李旦

这就意味着会强化裴炎的地位和权力。裴炎通过李显即位又废黜中宗，手上的宰相权力已经得到空前的提升，如果再让他如愿以偿地扶李旦上位，他手中的权力怕是大到能让武则天提早回后宫绣花了。可即便武则天愿意回后宫，她的儿子李旦怕也是小傀儡一个，什么也做不成。

二、扶持其他宗室

这就意味着要和裴炎来一场硬仗。裴炎原本也是武则天的人，这场仗可以说是杀敌一千自损八百。

武则天审视朝廷上的权势变化，随着李显被废黜，自己原本在皇后时期积累的大半权势都跟着裴炎走了。所以武则天才说："今为戎首，皆出于将相群臣，何负朕之深也！"与其保留着已经空空如也的老地盘，不如重新竖起一面旗帜，招编新的队伍与裴炎对抗。于是武则天便开始了扶持武家、引入告密制、引入来俊臣等操作。

李隆基说他祖母是受托从权，说的就是武则天审时度势的精准。

武则天必须自己当这个皇帝，才能打开新的局面。而这一切如果不是李显的肆意妄为，根本就不可能会发生。

所以，李隆基下一句总结语就是"当宁化治"，面对种种突发状况，武则天的确用非常手段让局势安定了下来，最后让大唐平稳交接。

大家好好想想，如果当时是裴炎赢了武则天，他是把手里的大权原封不动还给李旦的可能性大些，还是权倾朝野后做第二个霍光的可能性更大些？

武则天是有野心的，但她的野心不是说披件龙袍就算，而是要真正拥有治理天下的大权。为此，她不惜牺牲了更合适的亲儿子李贤，也要扶持明明能力不足的李显上台当自己的傀儡。也正是为了这个天下，她才不惜以近七十岁的高龄从头再来，打造武周天下，化解了唐初这场权臣危机。

可走上这条路并不是那么容易的，武则天创立了新的阵营，干倒了裴炎，也就彻底地和自己身为皇后的过去说再见了。这也意味着她的孩子、孙子，她曾经作为女性的那一部分统统都成为了过去。她的骨血必定就是她政治上的敌人。

深知这一点的武则天也纠结在此处，所以她总是在想方设法折磨子孙，却又在众多武家人陷害中让他们活下来。

她不断地改年号，她是中国历史上年号变更最频繁的皇帝。从证圣、圣历、神功、久视、长安、神龙等年号看出，武则天一直希望能够证明，自己得到了神明的保佑。

她对自己的孩子是如此矛盾。她似乎很恨他们，但她又从来不曾真的下狠手直接杀了他们。更多的时候，她所表现出的与其说是恨，不如说是畏惧。所以她在称帝后几乎不愿去接近两个儿子，即便生病也不愿意让他们靠近。甚至到了生命最后，她对李显的哭诉也处处透着心机。她始终无法放心地去爱自己的两个儿子。

可这又能怪谁呢？

她不是没有对李显好，她也曾经把李显当自己心头肉一样怜爱。李旦作为幺儿，也是被留在她的身边疼爱着长大。

可是李显对她做了什么？他收买了北门的飞骑。武则天手下的学士被称为北门学士，正是因为武则天居住在北门的宫殿，自己的心头肉直接用刀捅自己胸口，武则天对儿子的失望是我们所无法想象的。

可她同时又抱有强烈愧疚的感情，所以从圣历年开始，她释放了李贤的子女，然后提升李贤的王位，还给了孙子孙女自由。她开始和李旦等李唐宗室和解，接受李显回归，让他当太子，甚至把首都迁回了长安。

到了她年老的时候，她又开始给过去死于告密制度下的冤魂平反。如果不是她平反，很多人根本不可能参加神龙政变。

甚至就在神龙政变前几天，神龙元年大年初一，武则天还宣布：

> 自文明以来得罪者，非扬、豫、博三州及诸反逆魁首，咸赦除之。

"文明"是李旦第一次在位时用的第一个年号，仅用了八个月。

当时武则天已经决定了,她要回归大唐的皇后,回归曾要守护大唐江山时候的自己。于是她要赎罪,要把当年为了当皇帝而冤枉的人一一平反。

而"非扬、豫、博三州及诸反逆魁首",指的就是李(徐)敬业造反。

哈哈哈,武则天就是那么威武。

她错就是错,她认!可她没错就是没错,李(徐)敬业起兵,生灵涂炭,危害百姓,绝不宽恕。

武则天对人生的思考是远胜于中国古代历史上任何一个女人的。

只要你翻开一本佛经,开卷必有四句诗:

无上甚深微妙法,百千万劫难遭遇;
我今见闻得受持,愿解如来真实义。

佛教传进中国千年,写开经偈的皇帝不止她一个,但只有她的流传下来。四句开经偈点出了读经的目的、作用、功德和重要性。

女人在古代社会因为依附男人生活,很难作为一个完整的人去对整个世界进行思考。所以历史上的女主多半是权术当道,或是媚主,或是挟上。这和女人的出生环境不无关系。

权力的困境：武则天和她的时代

中国历史上才女或是懂诗学，或是工书画，或是擅琴瑟。但"养国子以道，乃教之六艺"，这些才女擅长的不过是六艺中的才艺罢了。道才是中国才子的最高境界。何为道？大多数才女根本没有心思去涉及这个方面的问题。她们都停留在当时男人冠以她们的才女称号，停步不前。

但武则天不仅涉及道，还深深地思考，有了自己独到的观点。

无字碑，无字胜万字。在"道"这个领域的思考上，也只有武则天真正做到了和历史那些有才男子并驾齐驱思索的程度。

武则天是以一个伟人的思考方式走完她的人生。

尽管到了生命的最终，武则天仍追求大权在握。但在我看来，她真正想追求的，也许只是伟大的一生，至于形式，皇帝也好，太后也罢，无所谓。

就像那首开经偈，经历了百千劫难，解得如来真实义，一切都值了。

人生终究是有终点的，体验过，挣扎过，领悟过，最后放过。

到了人生最后的最后，她要回到李治的身边了，就发遗诏省去帝号，称"则天大圣皇后"，并赦免王皇后、萧淑妃二族以及褚遂良、韩瑗、柳奭三人的亲属，连皇后时期的恩怨都放下了。

她无法超越她的时代，无法摆脱权力的困境。但终其一生，她放下了权力的荣耀与枷锁，回归到一个女人。